中财传媒版 2025 年度全国会计专业
辅导系列丛书·注定会赢

中级会计实务**要点随身记**

财政部中国财经出版传媒集团　组织编写

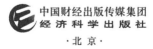

中国财经出版传媒集团
经济科学出版社
·北京·

图书在版编目（CIP）数据

中级会计实务要点随身记／财政部中国财经出版传
媒集团组织编写 . -- 北京 ： 经济科学出版社，2025.4.
（中财传媒版 2025 年度全国会计专业技术资格考试辅导系
列丛书）. -- ISBN 978 - 7 - 5218 - 6780 - 0
Ⅰ. F233

中国国家版本馆 CIP 数据核字第 20258LJ912 号

责任编辑：胡　飞　　　责任校对：易　超　　　责任印制：张佳裕

中级会计实务要点随身记
ZHONGJI KUAIJI SHIWU YAODIAN SUISHENJI
财政部中国财经出版传媒集团　组织编写
经济科学出版社出版、发行　新华书店经销
社址：北京市海淀区阜成路甲 28 号　邮编：100142
总编部电话：010 - 88191217　发行部电话：010 - 88191522
天猫网店：经济科学出版社旗舰店
网址：http：//jjkxcbs.tmall.com
固安华明印业有限公司印装
850 × 1168　64 开　7 印张　240000 字
2025 年 4 月第 1 版　2025 年 4 月第 1 次印刷
ISBN 978 - 7 - 5218 - 6780 - 0　定价：38.00 元
（图书出现印装问题，本社负责调换。电话：010 - 88191545）
（打击盗版举报热线：010 - 88191661，QQ：2242791300）

前　　言

　　2025 年度全国会计专业技术中级资格考试大纲已经公布，辅导教材也已正式出版发行。与 2024 年度相比，新考试大纲及辅导教材的内容都有所变化。为了帮助考生准确理解和掌握新大纲和新教材的内容、顺利通过考试，中国财经出版传媒集团本着为广大考生服务的态度，严格按照新大纲和新教材内容，组织编写了中财传媒版 2025 年度全国会计专业技术资格考试辅导"注定会赢"系列丛书。

　　该系列丛书包含 3 个子系列，共 9 本图书，具有重点把握精准、难点分析到位、题型题量丰富、模拟演练逼真等特点。本书属于"要点随身记"子系列，以携带方便为特点，进一步将教材中重要、易考、难以记忆的知识点进行归纳总结，以图表形式展现，帮助考生随时随地加深记忆。

　　中国财经出版传媒集团旗下"中财云知"App 为购买本书的考生提供线上增

值服务。考生使用微信扫描封面下方的防伪码并激活下载 App 后，可免费享有题库练习、学习答疑、每日一练等增值服务。

全国会计专业技术资格考试是我国评价选拔会计人才、促进会计人员成长的重要渠道，是中国式现代化人才战略的重要组成部分。希望广大考生在认真学习教材内容的基础上，结合本丛书准确理解和全面掌握应试知识点内容，顺利通过 2025 年会计资格考试，在会计事业发展中不断取得更大进步，为中国式现代化建设贡献更多力量！

书中如有疏漏和不当之处，敬请批评指正。

财政部中国财经出版传媒集团

2025 年 4 月

目　　录

第一章 总 论

☞ 掌握会计人员从事会计工作的基本要求、会计人员职业道德规范

☞ 掌握财务报告目标、会计要素、会计信息质量要求

☞ 熟悉会计法规制度体系的构成、国家统一的会计制度体系

☞ 了解可持续信息披露

【要点1】会计人员的定义及范围（掌握）

项目	内　　容
定义	会计人员，是指根据《中华人民共和国会计法》的规定，在国家机关、社会团体、公司、企业、事业单位和其他组织中从事会计核算、实行会计监督等会计工作的人员
具体范围	包括从事下列具体会计工作的人员： （1）出纳； （2）稽核； （3）资产、负债和所有者权益（净资产）的核算； （4）收入、费用（支出）的核算； （5）财务成果（政府预算执行结果）的核算； （6）财务会计报告（决算报告）编制； （7）会计监督； （8）会计机构内会计档案管理； （9）其他会计工作

提示 担任单位会计机构负责人（会计主管人员）、总会计师的人员，属于会计人员。

学习心得

【要点2】从事会计相关工作应符合的要求和应具备的条件（掌握）

项目	内　容
会计人员从事会计工作，一般应当符合的要求	（1）遵守《会计法》和国家统一的会计制度等法律法规； （2）具备良好的职业道德； （3）按照国家有关规定参加继续教育； （4）具备从事会计工作所需要的专业能力
会计机构负责人（会计主管人员）应当具备的基本条件	（1）坚持原则，廉洁奉公； （2）具备会计师以上专业技术职务资格或者从事会计工作不少于 3 年； （3）熟悉国家财经法律、法规、规章和方针、政策，掌握本行业业务管理的有关知识； （4）有较强的组织能力； （5）身体状况能够适应本职工作的要求

提示

(1) 大、中型企业，事业单位，业务主管部门应当根据法律和国家有关规定设置总会计师。

(2) 单位负责人对本单位的会计工作和会计资料的真实性、完整性负责。

(3) 因发生与会计职务有关的违法行为被依法追究刑事责任的人员，单位不得任用（聘用）其从事会计工作。

(4) 因违反《会计法》有关规定受到行政处罚五年内不得从事会计工作的人员，处罚期届满前，单位不得任用（聘用）其从事会计工作。

学习心得

【要点3】会计人员职业道德规范（掌握）

简称	核心表述	要求
"三坚三守"	坚持诚信，守法奉公	自律要求
	坚持准则，守责敬业	履职要求
	坚持学习，守正创新	发展要求

学习心得

【要点 4】会计法规制度体系（熟悉）

总称	具体构成	制定（发布）主体	举例
会计法规制度	会计法律	全国人民代表大会及其常务委员会	《会计法》《中华人民共和国注册会计师法》
	会计行政法规	国务院（或者国务院有关部门拟定并经国务院批准发布）	《总会计师条例》《企业财务会计报告条例》
	会计部门规章	财政部	《会计基础工作规范》《企业会计准则——基本准则》《政府会计准则——基本准则》《会计人员管理办法》《会计档案管理办法》《代理记账管理办法》《会计专业技术人员继续教育规定》
	会计规范性文件	财政部	通常以财会字文件印发，企业会计准则制度、政府及非营利组织会计准则制度等

【要点5】国家统一的会计制度体系（熟悉）

总称	制定主体	分类	具体内容
国家统一的会计制度	国务院财政部门	企业会计准则制度	（1）企业会计准则体系； （2）小企业会计准则； （3）企业会计制度
		政府及非营利组织会计准则制度	（1）政府会计准则制度体系； （2）非营利组织会计制度
		其他会计制度	（1）基金（资金）类会计制度； （2）农村集体经济组织和农民专业合作社会计制度

【要点6】财务报告目标和会计要素（掌握）

项目	内 容
财务报告目标	是向财务报告使用者提供与企业财务状况、经营成果和现金流量等有关的会计信息，反映企业管理层受托责任履行情况，有助于财务报告使用者作出经济决策。 财务会计报告使用者包括：（1）投资者；（2）债权人；（3）政府及其有关部门；（4）社会公众
会计要素	按照其性质分为资产、负债、所有者权益、收入、费用和利润，其中，资产、负债和所有者权益要素侧重于反映企业的财务状况，收入、费用和利润要素侧重于反映企业的经营成果

【要点7】会计信息质量要求（掌握）

会计信息质量要求	内　容
可靠性	要求企业应当以实际发生的交易或者事项为依据进行确认、计量和报告，如实反映符合确认和计量要求的各项会计要素及其他相关信息，保证会计信息真实可靠、内容完整
相关性	要求企业提供的会计信息应当与投资人等财务报告使用者的经济决策需要相关，有助于投资人等财务报告使用者对企业过去、现在或者未来的情况作出评价或者预测（应具有反馈价值和预测价值）
可理解性	要求企业提供的会计信息应当清晰明了，便于投资人等财务报告使用者理解和使用
可比性	同一企业不同时期可比；不同企业相同会计期间可比

续表

会计信息质量要求	内 容
实质重于形式	要求企业应当按照交易或者事项的经济实质进行会计确认、计量和报告，不仅仅以交易或者事项的法律形式为依据（例如，对已售商品为确保收回货款而暂时保留法定所有权，应确认相应收入）
重要性	要求企业提供的会计信息应当反映与企业财务状况、经营成果和现金流量有关的所有重要交易或者事项（应从项目的性质和金额两方面来判断重要性）
谨慎性	要求企业对交易或者事项进行会计确认、计量和报告应当保持应有的谨慎，不应高估资产或者收益、低估负债或者费用
及时性	要求企业对于已经发生的交易或者事项，应当及时进行确认、计量和报告，不得提前或者延后

【要点8】国家统一的可持续披露准则体系（了解）

序号	组成	内容
1	基本准则	对企业可持续信息披露提出一般要求，主要规范企业可持续信息披露的基本概念、原则、方法、目标和一般共性要求等，统驭具体准则和应用指南的制定
2	具体准则	对企业在环境、社会和治理等方面的可持续议题的信息披露提出具体要求： （1）环境方面的议题包括气候、污染、水与海洋资源、生物多样性与生态系统、资源利用与循环经济等； （2）社会方面的议题包括员工、消费者和终端用户权益保护、社区资源和关系管理、客户关系管理、供应商关系管理、乡村振兴、社会贡献等； （3）治理方面的议题包括商业行为等
3	应用指南	包括行业应用指南和准则应用指南两类： （1）行业应用指南针对特定行业应用基本准则和具体准则提供指引，以指导特定行业企业识别并披露重要的可持续信息； （2）准则应用指南对基本准则和具体准则进行解释、细化和提供示例，以及对重点难点问题进行操作性规定

【要点9】可持续信息的概念、目标、要素和报告（了解）

项目	内　　容
概念	可持续信息，是指企业在环境、社会和治理等方面的可持续议题相关风险、机遇和影响的信息，包括国家法律法规要求披露的可持续信息
目标	向信息使用者提供重要的可持续风险、机遇和影响的信息，以便其作出经济决策、资源配置或者其他决策
要素	治理、战略、风险和机遇管理、指标和目标
报告	企业应当按照企业可持续披露准则的要求编制可持续发展报告。可持续发展报告应当采用清晰的结构和语言，与财务报表同时对外披露，监管部门另有要求的除外。企业应当在其官方网站或者以其他方式公布可持续发展报告

第二章　存　　货

- ☞ 掌握存货的确认条件
- ☞ 掌握存货的初始计量
- ☞ 掌握存货期末计量原则
- ☞ 掌握存货可变现净值的确定
- ☞ 掌握存货跌价准备的计提与转回
- ☞ 熟悉存货减值迹象的判断

【要点1】存货的确认（掌握）

项目	内　容
存货的范围	（1）在日常活动中持有以备出售的产成品或商品； （2）处在生产过程中的在产品； （3）在生产过程或提供劳务过程中耗用的材料、物料
存货区别于固定资产等非流动资产的最基本特征	企业持有存货的最终目的是为了出售
确认存货须满足的条件	（1）与该存货有关的经济利益很可能流入企业； （2）该存货的成本能够可靠地计量

【要点2】存货成本确定（掌握）

项目		内　容
采购成本	购买价款	企业购入材料或商品的发票账单上列明的价款（不包括增值税税额）
	相关税费	购买、自制或委托加工存货发生的消费税、资源税和不能抵扣的增值税进项税额等
	其他可归属于存货采购成本的费用	采购过程中的仓储费、包装费、运输途中的合理损耗、入库前的挑选整理费用等
加工成本	直接人工和制造费用	
其他成本	使存货达到目前场所和状态所发生的支出；专属设计费	
不计入的成本	（1）应从供货单位、外部运输机构等收回的物资短缺或其他赔款，冲减物资的采购成本。	

续表

项目	内 容
不计入的成本	（2）因遭受意外灾害发生的损失和尚待查明原因的途中损耗，不得增加物资的采购成本，应暂作为"待处理财产损溢"进行核算，在查明原因后再作处理

（1）外购存货的初始成本由采购成本构成。

（2）对于企业通过外购方式取得确认为存货的数据资源，可归属于存货采购成本的数据权属鉴证、质量评估、登记结算、安全管理等费用，应当计入有关存货的采购成本。

【要点 3】委托加工物资的计量（掌握）

经济业务		账务处理
发出委托加工材料		借：委托加工物资 　　贷：原材料
支付加工费和税金	收回加工后的材料用于连续生产应税消费品的	借：委托加工物资 　　　应交税费——应交增值税（进项税额） 　　　　　　　　——应交消费税 　　贷：银行存款
	收回加工后的材料直接用于销售的	借：委托加工物资 　　　应交税费——应交增值税（进项税额） 　　贷：银行存款

续表

经济业务		账务处理
加工完成，收回委托加工材料	收回加工后的材料用于连续生产应税消费品的	借：原材料 　　贷：委托加工物资
	收回加工后的材料直接用于销售的	借：库存商品 　　贷：委托加工物资

学习心得

【要点4】委托加工物资由受托方代收代缴的消费税的计量（掌握）

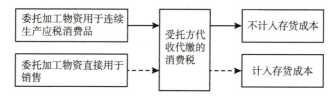

学习心得 ....

....

....

....

....

....

【要点5】其他方式取得存货成本（掌握）

存货的取得方式	成本的确定
自行生产的存货	包括投入的原材料或半成品、直接人工和按照一定方法分配的制造费用
投资者投入的存货	应当按照投资合同或协议约定的价值确定，但合同或协议约定价值不公允的除外
通过提供劳务取得的存货	按从事劳务提供人员的直接人工和其他直接费用以及可归属于该存货的间接费用确定

提示　（1）自行生产存货的初始成本中的"制造费用"，是指企业为生产产品和提供劳务而发生的各项间接费用，包括企业生产部门（如生产车间）管理人员的薪酬、折旧费、办公费、水电费、机物料消耗、劳动保护费、季节性和修理期间的停工损失，以及与存货的生产和加工相关的固定资产日常修理费用等。

（2）投资者投入的存货，在投资合同或协议约定价值不公允的情况下，按照该项存货的公允价值作为其入账价值，存货的公允价值与投资合同或协议约定的价值之间的差额计入资本公积。

【要点6】存货期末计量原则（掌握）

方法	情形	计量
资产负债表日，存货应当按照成本与可变现净值孰低计量	存货成本＜可变现净值	按成本计量
	存货成本＞可变现净值	计提存货跌价准备，计入当期损益

学习心得

【要点7】存货减值迹象的判断（熟悉）

项目	内容
存货的可变现净值低于成本的迹象	（1）该存货的市场价格持续下跌，并且在可预见的未来无回升的希望； （2）企业使用该项原材料生产的产品成本大于产品的销售价格； （3）企业因产品更新换代，原有库存原材料已不适应新产品的需要，而该原材料的市场价格又低于其账面成本； （4）因企业所提供的商品或劳务过时或消费者偏好改变而使市场的需求发生变化，导致市场价格逐渐下跌； （5）其他足以证明该项存货实质上已经发生减值的情形
存货的可变现净值为零的迹象	（1）已霉烂变质的存货； （2）已过期且无转让价值的存货； （3）生产中已不再需要，并且已无使用价值和转让价值的存货； （4）其他足以证明已无使用价值和转让价值的存货

【要点8】存货可变现净值的确定（掌握）

项目	内　容
确定可变现净值时应考虑的因素	（1）存货可变现净值的确凿证据。如外来原始凭证、生产成本资料、生产成本账簿记录；市场销售价格、与产成品或商品相同或类似商品的市场销售价格、销售方提供的有关资料等。 （2）持有存货的目的。 （3）资产负债表日后事项等的影响。在确定资产负债表日存货的可变现净值时，应当考虑：一是以资产负债表日取得最可靠的证据估计的售价为基础并考虑持有存货的目的；二是资产负债表日后发生的事项为资产负债表日存在状况提供进一步证据，以表明资产负债表日存在的存货价值发生变动的事项
可变现净值的确定公式	（1）产成品、商品和用于出售的材料等直接用于出售的商品存货： 可变现净值 = 估计售价 − 估计销售费用及税金 （2）需要经过加工的材料存货： 可变现净值 = 估计售价 − 估计完工成本 − 估计销售费用及税金

【要点9】不同情况下存货可变现净值的确定（掌握）

情况	可变现净值的确定
产成品、商品等	没有销售合同约定的，其可变现净值应当为：产成品或商品的一般销售价格（即市场销售价格）减去估计的销售费用和相关税费等后的金额
用于出售的材料等	应当以材料等的市场价格减去估计的销售费用和相关税费等后的金额作为其可变现净值
需要经过加工的材料存货	应以其生产的产成品的可变现净值与该产成品的成本进行比较，如果该产成品的可变现净值高于其成本，则该材料应当按照其成本计量
为执行合同而持有的存货	（1）其可变现净值应当以合同价格为基础而不是估计售价，减去估计的销售费用和相关税费等后的金额确定。 （2）若销售合同订购的数量大于或等于企业持有的存货数量，该批产成品或商品以及专门用于生产该标的物的材料的可变现净值，应当以合同价格为计量基础。 （3）若存货数量多于合同订购的数量，应分别确定其可变现净值

提示　总原则为，有合同的存货以合同价为基础，没有合同的存货以市场销售价格为基础。

学习心得

【要点10】存货跌价准备的计提与转回（掌握）

项目		内　容
存货期末 计量原则		资产负债表日，当存货成本低于可变现净值时，存货按成本计量；当存货成本高于其可变现净值时，应当计提存货跌价准备，计入当期损益： 借：资产减值损失 　　贷：存货跌价准备 或作相反会计分录
计提方法	通常	应当按照单个存货项目计提存货跌价准备
	例外	（1）对于数量繁多、单价较低的存货，可以按照存货类别计提存货跌价准备。 （2）与在同一地区生产和销售的产品系列相关、具有相同或类似最终用途或目的，且难以与其他项目分开计量的存货，可以合并计提存货跌价准备

续表

项目	内 容
存货跌价准备的转回	（1）原先对该类存货计提过跌价准备； （2）以前期间对该类存货计提跌价准备的影响因素已经消失，而不是在当期造成存货可变现净值高于其成本的其他影响因素； （3）在原先计提的存货跌价准备金额范围内转回
存货跌价准备的结转	企业计提了存货跌价准备，如果其中有部分存货已经销售，则企业在结转销售成本时，应同时结转对其已计提的存货跌价准备。 如果按存货类别计提存货跌价准备的，应当按照发生销售等而转出存货的成本占该存货未转出前该类别存货成本的比例结转相应的存货跌价准备

第三章　固定资产

☞ 掌握固定资产的确认条件
☞ 掌握固定资产的初始计量
☞ 掌握固定资产折旧、后续支出的会计处理
☞ 掌握固定资产终止确认的条件、固定资产处置的账务处理

【要点1】 固定资产的特征 （掌握）

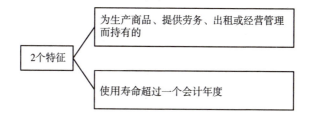

提示 　使用寿命，是指企业使用固定资产的预计期间，或者该固定资产所能生产产品或提供劳务的数量。

【要点2】固定资产的确认条件（掌握）

项目	内　　容
确认条件	与该固定资产有关的经济利益很可能流入企业
	该固定资产的成本能够可靠地计量
确认条件的具体运用	由于安全或环保要求购入的设备，确认为固定资产
	固定资产的各个组成部分，因使用寿命不同或为企业提供经济利益的方式不同，分别确认为单项固定资产
	工业企业、施工企业等持有的数量多、单价低的资产，尽管具有固定资产某些特征，但基于成本效益原则确认为存货

【要点3】外购固定资产（掌握）

项目	内　容
成本构成	成本＝买价＋相关税费＋可归属的运输费、装卸费、安装费、专业人员服务费、借款利息等
购入不需安装动产	借：固定资产（取得成本，即买价、运输费、装卸费和服务费等） 　　应交税费——应交增值税（进项税额） 　　贷：银行存款/应付账款 〔固定资产和其他费用的增值税进项税额之和〕
购入需安装动产	（1）安装调试阶段： 借：在建工程（取得成本，即买价、运输费、装卸费和服务费等） 　　应交税费——应交增值税（进项税额） 　　贷：银行存款/应付账款 借：在建工程（安装调试成本） 　　应交税费——应交增值税（进项税额） 　　（安装调试费用的增值税进项税额） 　　贷：银行存款/应付账款 〔固定资产和其他费用的增值税进项税额之和〕

续表

项目	内　　容
购入需安装动产	借：在建工程（耗用本单位材料和人工成本） 　　贷：原材料 　　　　应付职工薪酬 （2）安装完成时： 借：固定资产 　　贷：在建工程
购入不动产	借：固定资产或在建工程（增值税专用发票上注明价款） 　　应交税费——应交增值税（进项税额） 　　贷：银行存款/应付账款

提示　　购入多项没有单独标价的固定资产，按各项固定资产公允价值的比例对总成本进行分配，分别确定固定资产成本。

【要点4】自行建造固定资产（掌握）

项目	内　　容
成本构成	工程用物资成本＋人工成本＋计入成本的相关税费＋应予资本化的借款费用＋应分摊的间接费用等
自营工程	（1）购入工程物资： 借：工程物资 　　　应交税费——应交增值税（进项税额） 　　　贷：银行存款/应付账款 （2）领用工程物资： 借：在建工程 　　　贷：工程物资 （3）支付工程其他费用： 借：在建工程 　　　应交税费——应交增值税（进项税额） 　　　贷：银行存款

续表

项目	内　容
自营工程	**（4）完工转入固定资产：** 借：固定资产 　　贷：在建工程
出包工程	**（1）预付工程款：** 借：预付账款 　　贷：银行存款 **（2）支付或结算工程款：** 借：在建工程 　　应交税费——应交增值税（进项税额） 　　贷：银行存款（或应付账款） 　　　　预付账款 **（3）购买工程设备，之后安装：** 借：工程物资 　　应交税费——应交增值税（进项税额） 　　贷：银行存款

续表

项目	内　　容
出包工程	借：在建工程 　　　贷：工程物资 **（4）支付工程待摊支出，并摊销：** 借：在建工程——待摊支出 　　　贷：银行存款 　　　　　应付职工薪酬等 **待摊支出分摊率＝累计发生的待摊支出÷（建筑工程支出＋安装工程支出＋在安装设备支出）×100%** **××工程应分摊的待摊支出＝（××工程的建筑工程支出＋××工程的安装工程支出＋××工程的在安装设备支出）×待摊支出分摊率** 借：在建工程——A 项目 　　　　——B 项目 　　　贷：在建工程——待摊支出 **（5）工程完工：** 借：固定资产 　　　贷：在建工程

【要点5】 自营方式建造固定资产的会计核算（掌握）

项目	内　容
自营方式建造固定资产的成本计量	按照实际发生的材料、人工、机械施工费等计量
为建造固定资产准备的各种物资	（1）包括工程用材料、尚未安装的设备以及为生产准备的工器具等； （2）通过"工程物资"科目进行核算； （3）按照实际支付的买价、运输费、保险费等相关税费作为实际成本，并按照种类进行明细核算
为建造领用的工程物资、原材料或库存商品	应按其实际成本转入所建工程成本
应负担的职工薪酬、辅助生产部门为之提供的劳务	应计入所建工程项目的成本

【要点6】自营方式建造固定资产完工前后的工程物资会计核算 （掌握）

时段	情形	会计核算
建造期间	盘亏、报废及毁损	减去残料价值及保险公司、过失人等赔款后的净损失，计入所建工程项目的成本
	盘盈或者处置净收益	冲减所建工程项目的成本
工程完工后	剩余的工程物资转为本企业存货的	按其实际成本或计划成本进行结转
	盘盈、盘亏、报废、毁损	计入当期营业外收支

【要点7】试运行销售（掌握）

企业将固定资产达到预定可使用状态前或者研发过程中产出的产品或副产品对外出售的

应当按照收入、存货等准则规定，对试运行销售相关的收入和成本分别进行会计处理，计入当期损益

不应当将试运行销售相关收入抵销相关成本后的净额冲减固定资产成本或者研发支出

【要点8】 其他方式取得固定资产入账价值（掌握）

项目	内　　容
投入的固定资产	按投资合同或协议约定的价值加上应支付的相关税费作为固定资产的入账价值，但合同或协议约定价值不公允的除外
存在弃置费用的固定资产	（1）按照弃置费用现值计入相关固定资产成本： 借：固定资产 　　贷：在建工程 　　　　预计负债（弃置费用的现值） （2）在固定资产的使用寿命内，按预计负债的摊余成本和实际利率计算确定的利息费用，应当在发生时计入财务费用： 借：财务费用 　　贷：预计负债 （3）实际支付弃置费用时： 借：预计负债 　　贷：银行存款

提示   接受投资者投入固定资产，在投资合同或协议约定价值不公允的情况下，按照该项固定资产的公允价值作为入账价值，固定资产的公允价值与投资合同或协议约定的价值之间的差额计入资本公积。

学习心得

【要点9】固定资产折旧（掌握）

项目	内　　容
需要计提折旧	（1）季节性停用、不用固定资产；（2）大修理而停用固定资产
不需计提折旧	（1）已提足折旧继续使用固定资产； （2）更新改造过程中的固定资产； （3）单独计价作为固定资产入账的土地； （4）提前报废的固定资产
折旧影响因素	原价；预计净残值；减值准备；使用寿命
折旧时间	当月增加，当月不提，下月开始计提折旧； 当月减少，当月照提，下月开始不提

【要点10】 固定资产折旧方法——年限平均法 （掌握）

项目	内　　　容
概念	年限平均法，又称直线法，是指将固定资产的应计折旧额均衡地分摊到固定资产预计使用寿命内的一种方法
特点	每期折旧额相等
公式	年折旧率 =（1－预计净残值率）÷预计使用寿命（年）×100% 月折旧率 = 年折旧率 ÷12 月折旧额 = 固定资产原价 × 月折旧率

【要点11】固定资产折旧方法——工作量法（掌握）

项目	内　　容
概念	工作量法是根据实际工作量计算每期应计提折旧额的一种方法
公式	单位工作量折旧额 = 固定资产原价 × （1 - 预计净残值率）÷ 预计总工作量 某项固定资产月折旧额 = 该项固定资产当月工作量 × 单位工作量折旧额

学习心得 ....

....

....

....

....

【要点12】固定资产折旧方法——双倍余额递减法（掌握）

项目	内　　容
概念	双倍余额递减法，是指在不考虑固定资产预计净残值的情况下，根据每期期初固定资产原价减去累计折旧后的金额和双倍的直线法折旧率计算固定资产折旧的一种方法
特点	每年年初固定资产净值没有扣除预计净残值，故应在其折旧年限到期前两年内，将固定资产净值扣除预计净残值后的余额平均摊销
公式	年折旧率 = 2 ÷ 预计使用寿命（年）× 100% 月折旧率 = 年折旧率 ÷ 12 月折旧额 =（固定资产原价 – 累计折旧）× 月折旧率

【要点13】固定资产折旧方法——年数总和法（掌握）

项目	内 容
概念	年数总和法，又称年限合计法，是指将固定资产的原价减去预计净残值后的余额，乘以一个以固定资产尚可使用寿命为分子、以预计使用寿命逐年数字之和为分母的逐年递减的分数计算每年的折旧额
公式	年折旧率＝尚可使用寿命÷预计使用寿命的年数总和×100% 月折旧率＝年折旧率÷12 月折旧额＝（固定资产原价－预计净残值）×月折旧率

【要点 14】计提固定资产折旧应计入的成本/当期损益（掌握）

使用固定资产的部门	固定资产计提折旧应计入的成本/当期损益
基本生产车间	制造费用
管理部门	管理费用
销售部门	销售费用
未使用	管理费用

【要点15】固定资产的后续支出（掌握）

项目	内　　容
总处理原则	符合固定资产确认条件的，应当计入固定资产成本或其他相关资产的成本，同时将被替换部分的账面价值扣除；不符合固定资产确认条件的，应当计入当期损益
资本化支出	（1）将该固定资产的原价、已计提的累计折旧和减值准备转销，将其账面价值转入在建工程，并停止计提折旧。 （2）发生的可资本化的后续支出，通过"在建工程"科目核算。 （3）在固定资产发生的后续支出完工并达到预定可使用状态时，再从在建工程转为固定资产，并按重新确定的使用寿命、预计净残值和折旧方法计提折旧。 （4）涉及替换原固定资产的某组成部分的，应将替换部分计入固定资产成本，同时将被替换部分的账面价值扣除
费用化支出	不符合固定资产资本化后续支出条件的固定资产日常修理费用，在发生时应当按照受益对象计入当期损益或计入相关资产的成本

【要点16】固定资产处置的核算（掌握）

项目		内　容
终止确认条件		（1）该固定资产处于处置状态，不再用于生产商品、提供劳务、出租或经营管理。 （2）该固定资产预期通过使用或处置不能产生经济利益
出售、报废或毁损的账务处理	固定资产转入清理	借：固定资产清理 　　累计折旧 　　固定资产减值准备 　贷：固定资产（账面原价）
	发生的清理费用等	借：固定资产清理 　贷：银行存款
	收回出售固定资产价款、残料价值和变价收入	借：银行存款（收回价款） 　　原材料（残料） 　贷：固定资产清理 　　　应交税费——应交增值税（销项税额）

续表

项目		内　容	
出售、报废或毁损的账务处理	保险赔偿	借：其他应收款/银行存款 　　贷：固定资产清理	
	清理净损益	属于生产经营期间正常的出售、转让所产生的损失	借：资产处置损益 　　贷：固定资产清理
		属于因自然灾害发生毁损、已丧失使用功能等原因而报废清理所产生的损失	借：营业外支出——非流动资产毁损报废损失 　　贷：固定资产清理
		净收益	借：固定资产清理 　　贷：资产处置损益（或营业外收入）

续表

项　目	内　容
其他方式减少的固定资产的账务处理	视情况分别按照持有待售的非流动资产、处置组和终止经营以及债务重组、非货币性资产交换等的处理原则进行核算

🕐 学习心得 ----------------------------------

第四章 无形资产

- ☞ 掌握无形资产的确认和初始计量
- ☞ 掌握内部研究开发项目研究阶段和开发阶段的区分
- ☞ 掌握内部研究开发支出的确认和账务处理
- ☞ 掌握无形资产使用寿命的确定
- ☞ 掌握使用寿命有限的无形资产摊销的会计处理
- ☞ 掌握使用寿命不确定的无形资产的后续计量
- ☞ 掌握无形资产处置的会计处理

【要点1】 无形资产的特征、内容和确认条件（掌握）

项目	内　　容
内容	专利权、非专利技术、商标权、著作权、土地使用权、特许权等
特征	（1）由企业拥有或者控制并能为其带来未来经济利益的资源；（2）不具有实物形态；（3）具有可辨认性；（4）属于非货币性资产
无形资产 确认条件	在符合定义的前提下，同时满足以下两个确认条件时，才能予以确认： （1）与该无形资产有关的经济利益很可能流入企业； （2）该无形资产的成本能够可靠地计量

提示　自创品牌、报刊名、市场份额、客户关系、人力资源等，由于企业无法控制其带来的未来经济利益，都不属于无形资产。

【要点2】外购无形资产的初始计量（掌握）

项目	内　　容
成本构成	成本＝购买价款＋相关税费＋直接归属于使该项资产达到预定可使用状态的其他支出
	购买无形资产的价款超过正常信用条件延期支付，实质上具有融资性质的，无形资产的成本应以购买价款的现值为基础确定
会计处理	借：无形资产 　　应交税费——应交增值税（进项税额） 　　贷：银行存款
不包括的支出	（1）为引入新产品进行宣传发生的广告费、管理费用及其他间接费用； （2）无形资产已经达到预定用途以后发生的费用

【要点3】土地使用权的处理（掌握）

情形	内　　容
作为无形资产	土地使用权通常应当按照取得时所支付的价款及相关税费之和确认为无形资产
作为固定资产	企业外购的房屋建筑物，实际支付的价款包括土地使用权和建筑物的价值的，应当在地上建筑物与土地使用权之间分配，实在无法合理分配的，应全部确认为固定资产
作为存货	房地产开发企业取得的土地使用权用于建造对外出售的房屋建筑物，相关的土地使用权应当计入所建造的房屋建筑物成本，列示在存货项目
作为投资性房地产	企业改变土地使用权的用途，将其用于赚取租金或资本增值时，应将其转为投资性房地产

提示　土地使用权用于自行开发建造厂房等地上建筑物时，相关的土地使用权账面价值不转入在建工程成本，仍作为无形资产核算。土地使用权与地上建筑物分别进行摊销和提取折旧。

学习心得

【要点4】内部研究开发项目研究阶段和开发阶段的区分（掌握）

阶段	特　征
研究阶段	是探索性的，为进一步开发活动作准备，已经进行的研究活动将来是否会转入开发、开发后是否会形成无形资产等均具有较大不确定性，一般不会形成阶段性成果
开发阶段	已完成研究阶段的工作，在很大程度上具备了形成一项新产品或新技术的基本条件

学习心得

【要点5】内部研究开发支出的确认和会计处理（掌握）

项目	内　容
研究阶段	研究阶段的支出，应当在发生时全部费用化，计入当期损益（管理费用） 发生时： 借：研发支出——费用化支出 　　贷：银行存款/应付职工薪酬/原材料等 月末（按月结转）： 借：管理费用 　　贷：研发支出——费用化支出
开发阶段	如果企业能够证明开发阶段的支出符合无形资产的定义及相关确认条件，则可将其确认为无形资产；否则，计入当期损益（管理费用）

续表

项目	内 容
开发阶段	**发生时：** 借：研发支出——资本化支出 　　　　　　　——费用化支出 　　应交税费——应交增值税（进项税额） 　　　贷：银行存款/应付职工薪酬/原材料等 **月末（按月结转）：** 借：管理费用 　　　贷：研发支出——费用化支出 **达到预定用途：** 借：无形资产 　　　贷：研发支出——资本化支出
无法区分	无法区分研究阶段和开发阶段的支出，应当在发生时费用化，计入当期损益（管理费用）

【要点6】无形资产使用寿命的确定（掌握）

项目	内　容
估计无形资产使用寿命应考虑的因素	（1）运用该无形资产生产的产品通常的寿命周期、可获得的类似资产使用寿命的信息。 （2）技术、工艺等方面的现阶段情况及对未来发展趋势的估计。 （3）以该无形资产生产的产品或提供的服务的市场需求情况。 （4）现在或潜在的竞争者预期将采取的行动。 （5）为维持该无形资产产生未来经济利益能力的预期维护支出，以及企业预计支付有关支出的能力。 （6）对该无形资产的控制期限，以及对该资产使用的相关法律规定或类似限制，如特许使用期、租赁期等。 （7）与企业持有的其他资产使用寿命的关联性等

续表

项目	内　　容
确定使用寿命的原则	（1）源自合同性权利或其他法定权利取得的无形资产——其使用寿命不应超过合同性权利或其他法定权利的期限。如果合同性权利或其他法定权利能够在到期时因续约等延续，且有证据表明企业续约不需付出大额成本，续约期应当计入使用寿命。 （2）合同或法律没有明确规定使用寿命的——企业应当综合各方面情况，如聘请相关专家进行论证或与同行业的情况进行比较以及根据企业的历史经验等，来确定无形资产为企业带来未来经济利益的期限。 （3）经过上述努力，仍无法合理确定无形资产为企业带来经济利益期限的，才能将其作为使用寿命不确定的无形资产
使用寿命的复核	（1）企业至少应当于每年年度终了，对使用寿命有限的无形资产的使用寿命进行复核。如果有证据表明无形资产的使用寿命与以前估计不同的，应当改变其摊销期限，并按照会计估计变更进行处理。 （2）企业应当在每个会计期末对使用寿命不确定的无形资产的使用寿命进行复核。如果有证据表明该无形资产的使用寿命是有限的，应当按照确定的无形资产使用寿命进行会计处理，并作为会计估计变更进行处理

【要点7】 无形资产的后续计量（掌握）

项目		内　　容
使用寿命有限的无形资产摊销	摊销期	自无形资产可供使用（即其达到预定用途）时起，至不再作为无形资产确认时止，即当月增加的无形资产当月开始摊销，当月减少的无形资产当月不摊销
	摊销方法	（1）企业选择的无形资产摊销方法，应根据与无形资产有关的经济利益的预期消耗方式作出决定，并一致地运用于不同会计期间。 （2）具体摊销方法包括直线法、产量法等。无法可靠确定预期消耗方式的，应当采用直线法摊销
	残值	使用寿命有限的无形资产，其残值一般为零，但下列情况除外： （1）有第三方承诺在无形资产使用寿命结束时购买该无形资产； （2）可以根据活跃市场得到预计残值信息，并且该市场在无形资产使用寿命结束时很可能存在
	摊销金额	无形资产的应摊销金额为其成本扣除预计残值后的金额。已计提减值准备的无形资产，还应扣除已计提的无形资产减值准备累计金额

续表

项目		内　　容	
使用寿命有限的无形资产摊销	账务处理	（1）自用的无形资产： 借：管理费用 　　制造费用 　　研发支出 　　在建工程等 　　贷：累计摊销	（2）出租的无形资产： 借：其他业务成本 　　贷：累计摊销
使用寿命无限的资产减值测试		对于使用寿命不确定的无形资产，在持有期间内不需要进行摊销，但应当至少在每个会计期末按照相关规定进行减值测试。如经减值测试表明已发生减值，则需要计提相应的减值准备，具体账务处理为： 借：资产减值损失 　　贷：无形资产减值准备	

提示　　如果无形资产的残值重新估计以后高于其账面价值，则无形资产不再进行摊销，直至残值降至低于账面价值时再恢复摊销。

【要点8】无形资产处置的会计处理 （掌握）

处置原则	处置方式	会计处理
应予转销并终止确认	出售	应当将取得的价款与该无形资产账面价值的差额作为资产处置利得或损失计入当期损益
	报废	予以转销，其账面价值转入当期损益（营业外支出）

学习心得

- -

- -

- -

- -

- -

第五章 投资性房地产

☞ 掌握投资性房地产的定义及特征
☞ 掌握投资性房地产的范围
☞ 掌握投资性房地产的确认
☞ 掌握投资性房地产的初始计量
☞ 掌握采用成本模式进行后续计量的投资性房地产
☞ 掌握投资性房地产的转换
☞ 掌握投资性房地产的处置
☞ 熟悉与投资性房地产有关的后续支出
☞ 熟悉采用公允价值模式进行后续计量的投资性房地产
☞ 熟悉投资性房地产后续计量模式的变更

【要点1】 投资性房地产的定义、确认条件和特征（掌握）

项目	内 容
定义	投资性房地产，是指为赚取租金或资本增值，或者两者兼有而持有的房地产。投资性房地产应当能够单独计量和出售
确认条件	投资性房地产只有在符合定义，并同时满足下列条件时，才能予以确认： （1）与该投资性房地产有关的经济利益很可能流入企业。 （2）该投资性房地产的成本能够可靠地计量
特征	投资性房地产是一种经营性活动。其主要形式是出租建筑物、出租土地使用权，这实质上属于一种让渡资产使用权行为
	投资性房地产在用途、状态、目的等方面区别于作为生产经营场所的房地产和用于销售的房地产

【要点2】投资性房地产的范围（掌握）

分类标准	类型	说明
属于投资性房地产的项目	已出租的土地使用权	（1）企业计划用于出租但尚未出租的土地使用权，不属于此类。 （2）对于租入土地使用权再转租给其他单位的，不能确认为投资性房地产
	持有并准备增值后转让的土地使用权	按照国家有关规定认定的闲置土地，不属于投资性房地产
	已出租的建筑物	（1）用于出租的建筑物是指企业拥有产权的建筑物，企业租入再转租的建筑物不属于投资性房地产。 （2）已出租的建筑物是企业已经与其他方签订了租赁协议，约定以经营租赁方式出租的建筑物。一般应自租赁协议规定的租赁期开始日起，经营租出的建筑物才属于已出租的建筑物。

续表

分类标准	类型	说　　明
属于投资性房地产的项目	已出租的建筑物	（3）企业将建筑物出租，按租赁协议向承租人提供的相关辅助服务在整个协议中不重大的，应当将该建筑物确认为投资性房地产。例如，企业将其办公楼出租，同时向承租人提供维护、保安等日常辅助服务，企业应当将该办公楼确认为投资性房地产
不属于投资性房地产的项目	自用房地产	包括自用建筑物和自用土地使用权
	作为存货的房地产	通常指房地产开发企业在正常经营过程中销售的或为销售而正在开发的商品房和土地

提示　　如果某项房地产部分用于赚取租金或资本增值、部分自用（即用于生产商品、提供劳务或经营管理），能够单独计量和出售的、用于赚取租金或资本

增值的部分，应当确认为投资性房地产；不能够单独计量和出售的、用于赚取租金或资本增值的部分，不确认为投资性房地产。该项房地产自用的部分，以及不能够单独计量和出售的、用于赚取租金或资本增值的部分，应当确认为固定资产或无形资产。

学习心得

【要点3】投资性房地产的初始计量（掌握）

项目		外购房地产	自行建造房地产
成本构成		外购房地产成本 = 购买价款 + 相关税费 + 可直接归属于该资产的其他支出	由建造该项资产达到预定可使用状态前发生的必要支出构成，包括土地开发费、建筑成本、安装成本、应予以资本化的借款费用、支付的其他费用和分摊的间接费用等
会计分录	成本模式计量	借：投资性房地产 　　贷：银行存款	借：投资性房地产 　　贷：在建工程（开发产品） 　　　　无形资产——土地使用权
	公允价值模式计量	借：投资性房地产——成本 　　贷：银行存款	借：投资性房地产——成本 　　贷：在建工程（开发产品） 　　　　无形资产——土地使用权

【要点4】与投资性房地产有关的后续支出（熟悉）

分类标准	成本模式	公允价值模式
原则	（1）不论其后续计量是成本模式还是公允价值模式，满足投资性房地产确认条件的后续支出计入投资性房地产成本。 （2）企业对某项投资性房地产进行改扩建等再开发且将来仍作为投资性房地产的，再开发期间应继续将其作为投资性房地产，**再开发期间不计提折旧或摊销**	
资本化后续支出	（1）转入改扩建时： 借：投资性房地产——在建 　　投资性房地产累计折旧 　　投资性房地产减值准备 　　贷：投资性房地产 （2）发生改扩建或装修支出时： 借：投资性房地产——在建 　　贷：银行存款等 （3）改扩建或装修完成时： 借：投资性房地产 　　贷：投资性房地产——在建	（1）转入改扩建时： 借：投资性房地产——在建 　　贷：投资性房地产——成本 　　　　　　　　——公允价值变动 　　　　　　　　（或借记） （2）发生改扩建或装修支出时： 借：投资性房地产——在建 　　贷：银行存款等 （3）改扩建或装修完成时： 借：投资性房地产——成本 　　贷：投资性房地产——在建

分类标准	成本模式	公允价值模式
费用化后续支出	不论其后续计量是成本模式还是公允价值模式，不满足投资性房地产确认条件的后续支出，应当在发生时计入当期损益： 借：其他业务成本 　　贷：银行存款	

提示 　企业对某项投资性房地产进行改扩建等再开发且将来仍作为投资性房地产时，再开发期间应继续将其作为投资性房地产，不计提折旧或摊销。

【要点5】投资性房地产的后续计量模式

具体处理	成本模式（掌握）	公允价值模式（熟悉）
折旧/摊销	借：其他业务成本 　贷：投资性房地产累计折旧 　　　（摊销）	不计提折旧或摊销，而是以资产负债表日投资性房地产的公允价值为基础调整账面价值
收取租金	借：银行存款（或其他应收款） 　贷：其他业务收入	借：银行存款（或其他应收款） 　贷：其他业务收入
发生减值/公允价值发生变动	借：资产减值损失 　贷：投资性房地产减值准备	借：投资性房地产——公允价值 　　　　　　　　　　　变动 　　贷：公允价值变动损益 或作相反会计分录

（1）企业通常应当采用成本模式计量，满足特定条件时也可以采用公允价值模式计量。

（2）同一企业只能采用一种模式对所有投资性房地产进行后续计量，不得同时采用两种计量模式。

（3）投资性房地产已经计提的减值准备，在以后的会计期间不得转回。

（4）企业一旦选择采用公允价值计量模式，就应当对其所有投资性房地产采用公允价值模式进行后续计量，不得对一部分投资性房地产采用成本模式进行后续计量，对另一部分投资性房地产采用公允价值模式进行后续计量。

学习心得

【要点6】投资性房地产后续计量模式的变更（熟悉）

模式转变	会计处理
成本模式→公允价值模式	借：投资性房地产——成本（变更日的公允价值） 　　投资性房地产累计折旧（摊销） 　　投资性房地产减值准备 　贷：投资性房地产 　　　利润分配——未分配利润、盈余公积（或借记）（公允价值与其账面价值之间的差额）
公允价值模式→成本模式	不允许变更

 提示 （1）投资性房地产的计量模式一经确定，不得随意变更。

（2）成本模式转为公允价值模式的，应当作为会计政策变更处理。

【要点7】投资性房地产的转换形式及转换日（掌握）

转换形式	科目变化	转换日
投资性房地产开始自用	"投资性房地产"改为"固定资产"或"无形资产"	房地产达到自用状态，开始用于生产商品、提供劳务的日期
作为存货的房地产改为经营出租	"开发产品"改为"投资性房地产"	房地产的租赁期开始日
自用建筑物停止自用，改为出租	"固定资产"改为"投资性房地产"	租赁期开始日
自用土地使用权停止自用，改用于赚取租金或资本增值	"无形资产"改为"投资性房地产"	停止自用后确定用于赚取租金或资本增值的日期
有确凿证据表明将用于经营出租的房地产重新开发用于对外销售	"投资性房地产"改为"开发产品"	租赁期满，董事会或类似机构作出书面决议明确表明将其重新开发用于对外销售的日期

【要点8】成本模式下投资性房地产的转换（掌握）

转换方向	会计处理	
	自用房地产	存货
投资性房地产→非投资性房地产	借：固定资产、无形资产 　　投资性房地产累计折旧（摊销） 　　投资性房地产减值准备 　贷：投资性房地产 　　　累计折旧（摊销） 　　　固定资产或无形资产减值准备	借：开发产品（投资性房地产账面价值） 　　投资性房地产累计折旧（摊销） 　　投资性房地产减值准备 　贷：投资性房地产
非投资性房地产→投资性房地产	借：投资性房地产 　　累计折旧 　　固定资产减值准备 　贷：固定资产 　　　投资性房地产减值准备 　　　投资性房地产累计折旧	借：投资性房地产（存货账面价值） 　　存货跌价准备 　贷：开发产品（账面余额）

【要点9】公允价值模式下投资性房地产的转换（掌握）

转换方向	会计处理	
	自用房地产（以固定资产为例）或存货	
投资性房地产→非投资性房地产	借：固定资产（公允价值） 　　开发产品（公允价值） 　　贷：投资性房地产——成本 　　　　　　　　　　——公允价值变动（或借记） 　　公允价值变动损益（或借记）	
非投资性房地产→投资性房地产	转换日公允价值＜账面价值	转换日公允价值＞账面价值
	借：投资性房地产——成本（公允价值） 　　累计折旧 　　固定资产减值准备等 　　公允价值变动损益 　　贷：固定资产	借：投资性房地产——成本（公允价值） 　　累计折旧 　　固定资产减值准备等 　　贷：固定资产 　　　　其他综合收益

【要点10】投资性房地产的处置（掌握）

项目	成本模式下	公允价值模式下
原则	企业出售、转让、报废投资性房地产或者发生投资性房地产毁损，应当将处置收入扣除其账面价值和相关税费后的金额计入<u>当期损益</u>	
会计处理	（1）收到处置款： 借：银行存款 　　贷：<u>其他业务收入</u> （2）处置时： 借：<u>其他业务成本</u> 　　投资性房地产累计折旧（摊销） 　　投资性房地产减值准备 　　贷：投资性房地产	（1）收到处置款： 借：银行存款 　　贷：其他业务收入 （2）处置时： 借：其他业务成本 　　贷：投资性房地产——成本 　　　　　　　　——公允价值变动（或借记） 借：公允价值变动损益 　　贷：其他业务成本 或作相反会计分录 借：其他综合收益 　　贷：其他业务成本

第六章　长期股权投资和合营安排

☞ 掌握长期股权投资的初始计量

☞ 掌握成本法

☞ 掌握权益法

☞ 掌握长期股权投资核算方法的转换

☞ 熟悉长期股权投资的范围

☞ 熟悉长期股权投资的处置

☞ 熟悉合营安排的认定

☞ 熟悉共同经营中合营方的账务处理

【要点1】长期股权投资的适用范围（熟悉）

	形式	影响程度	初始计量	后续计量
企业合并形成的长期股权投资	对子公司投资，即投资方能够对被投资单位实施控制的权益性投资	控制	同一控制：取得的被合并方所有者权益在最终控制方合并财务报表中的账面价值＋最终控制方收购被合并方时形成的商誉	成本法
			非同一控制：公允价值	
企业合并以外方式取得的长期股权投资	对合营企业投资，即投资方与其他合营方一同对被投资单位实施共同控制且对被投资单位净资产享有权利的权益性投资	共同控制	公允价值＋初始直接费用	权益法

续表

形式		影响程度	初始计量	后续计量
企业合并以外方式取得的长期股权投资	对联营企业投资，投资方对被投资单位具有重大影响的权益性投资	重大影响		权益法

提示　　除上述以外其他的权益性投资，包括风险投资机构、共同基金，以及类似主体持有的、在初始确认时按照《企业会计准则第22号——金融工具确认和计量》的规定以公允价值计量且其变动计入当期损益的金融资产，投资性主体对不纳入合并财务报表的子公司的权益性投资，以及其他权益性投资，应当按照金融工具章节的相关内容进行会计处理。

【要点2】长期股权投资的初始计量（掌握）

项目	同一控制下企业合并	非同一控制下企业合并	其他方式取得
初始计量	按照取得的被合并方所有者权益在最终控制方合并财务报表中的账面价值的份额	所支付对价的公允价值为基础计算（合并成本）	初始投资成本 = 投出资产公允价值 + 直接相关费用
支付对价的差额	支付对价的账面价值与长期股权投资初始投资成本的差额依次计入资本公积、盈余公积和未分配利润等	投入资产的公允价值与其账面价值差额的会计处理，与出售资产相同，确认非现金资产转让损益	
发生的审计、法律服务、评估咨询等中介费用	发生时计入当期损益（管理费用）		计入投资成本

续表

项目	同一控制下企业合并	非同一控制下企业合并	其他方式取得
权益性证券或债务性证券的交易费用	（1）与发行权益性工具作为合并对价直接相关的交易费用，应当冲减资本公积（资本溢价或股本溢价），不足冲减的部分依次冲减盈余公积和未分配利润；（2）与发行债务性工具作为合并对价直接相关的交易费用，应当计入债务性工具的初始确认金额	购买方作为合并对价发行的权益性工具或债务性工具的交易费用，应当计入权益性工具或债务性工具的初始确认金额	为发行权益性证券支付的手续费、佣金等与发行直接相关的费用，不构成长期股权投资的初始投资成本。这部分费用应自所发行证券的溢价发行收入中扣除，溢价收入不足冲减的，应依次冲减盈余公积和未分配利润

【要点3】同一控制下企业合并形成的长期股权投资（掌握）

项目	内　　容
一次交易取得	**(1) 合并方以支付现金方式作为合并对价的：** 借：长期股权投资（投资成本） 　　资本公积——资本溢价或股本溢价（或贷记） 　　　贷：银行存款 **(2) 转让非现金资产或承担债务方式作为合并对价的：** 借：长期股权投资（投资成本） 　　资本公积——资本溢价或股本溢价（或贷记） 　　　贷：资产相关科目（转出的资产的账面价值） 　　　　　负债相关科目（承担负债的账面价值） **(3) 发生的审计、法律服务、评估咨询等相关费用：** 借：管理费用 　　　贷：银行存款

续表

项目	内 容
一次交易取得	**（4）企业以发行权益性工具作为合并对价的：** 借：长期股权投资——投资成本 　　贷：股本（面值总额） 　　　　资本公积——资本溢价或股本溢价（差额） 发行费用： 借：资本公积——资本溢价或股本溢价（权益性工具发行费用） 　　贷：银行存款 注：资本公积（资本溢价或股本溢价）不足冲减的，应依次借记"盈余公积""利润分配——未分配利润"科目。 **（5）企业以发行债券方式作为合并对价的：** 借：长期股权投资——投资成本 　　贷：应付债券（账面价值） 　　　　资本公积——资本溢价或股本溢价（差额） 发行费用： 借：应付债券——利息调整 　　贷：银行存款

续表

项目	内　　容
多次交易分步取得	**第一步**，确定同一控制下企业合并形成的长期股权投资的初始投资成本 **第二步**，长期股权投资初始投资成本与合并对价账面价值之间的差额的处理。调整资本公积（资本溢价或股本溢价），资本公积不足冲减的，冲减留存收益。 **调整资本公积的差额 = 合并日初始投资成本 −（合并前长期股权投资账面价值 + 合并日进一步取得股份支付对价的账面价值）** 借：长期股权投资 　　　资本公积——资本溢价或股本溢价（或贷记） 　　贷：长期股权投资（原长期股权投资合并日账面价值） 　　　　相关资产（新取得股份支付对价公允价值） 　　　　股本（面值）

【要点4】非同一控制下的企业合并形成的长期股权投资（掌握）

项目	内　　容
一次交易取得	企业合并成本包括：企业付出的资产、发生或承担的负债、发行的权益性工具或债务性工具的公允价值之和。会计处理如下： （1）以支付现金、转让无形资产或承担债务方式等作为合并对价取得的长期股权投资，应按确定的购买日合并成本，借记"长期股权投资——投资成本"科目，按付出的合并对价的账面价值，贷记（或借记）有关资产负债相关科目，按发生的直接相关费用（如资产处置费用），贷记"银行存款"等科目，按其差额，贷记"主营业务收入""营业外收入""投资收益"等科目或借记"管理费用""营业外支出""主营业务成本"等科目。 （2）以发行权益性证券作为合并对价取得的长期股权投资，应在购买日按发行该权益性证券的公允价值，借记"长期股权投资——投资成本"科目，按照发行的权益性证券的面值总额，贷记"股本"科目，按其差额，贷记"资本公积——资本溢价或股本溢价"科目

续表

项目	内　容
通过多次交易分步实现	购买日之前持有的股权采用权益法核算的，相关其他综合收益应当在处置该项投资时采用与被投资单位直接处置相关资产或负债相同的基础进行会计处理，因被投资方除净损益、其他综合收益和利润分配以外的其他所有者权益变动而确认的所有者权益，应当在处置该项投资时相应转入处置期间的当期损益。其中，处置后的剩余股权采用成本法或权益法核算的，其他综合收益和其他所有者权益应按比例结转，处置后的剩余股权不再属于长期股权投资核算范围的，按照金融工具章节的相关内容进行会计处理。 购买日之前持有的股权投资，按照金融工具进行会计处理的，应当将按其确定的股权投资的公允价值加上新增投资成本之和，作为改按成本法核算的初始投资成本。对于购买日前持有的股权投资分类为以公允价值计量且其变动计入当期损益的金融资产的，其公允价值与账面价值之间的差额转入改按成本法核算的当期投资收益；对于购买日前持有的股权投资指定以公允价值计量且其变动计入其他综合收益的非交易性权益工具的，其公允价值与账面价值之间的差额以及原计入其他综合收益的累积公允价值变动应当直接转入留存收益

【要点5】成本法（掌握）

项目	内　　容
取得投资时	借：长期股权投资 　　应收股利（价款中包含的已宣告但尚未发放的现金股利） 　　贷：银行存款
收到股利	借：银行存款 　　贷：应收股利
年末，被投资单位 发生盈亏	不作账务处理
宣告发放股利	借：应收股利 　　贷：投资收益

续表

项目	内　　容
处置	借：银行存款 　　贷：长期股权投资 　　　　应收股利 　　　　投资收益（亏损在借方）
减值	借：资产减值损失 　　贷：长期股权投资减值准备 　　　　（一经计提，不得转回）

提示　被投资方其他综合收益、其他所有者权益变动以及超额亏损，投资方都不作账务处理。

【要点6】权益法（掌握）

项目	内 容	
初始投资成本	借：长期股权投资（实际投资额） 　　应收股利（价款中包含的已宣告但尚未发放的现金股利） 　　贷：银行存款（付出资产公允价值＋相关费用）	
初始投资成本调整	初始投资成本＞投资时应享有被投资单位可辨认净资产公允价值的份额	商誉，不作调整
	初始投资成本＜投资时应享有被投资单位可辨认净资产公允价值的份额	借：长期股权投资——投资成本 　　贷：营业外收入
年末，被投资单位发生盈亏	采用相同会计政策； 被投资方各项资产、负债账面价值与公允价值相同	借：长期股权投资——损益调整 　　贷：投资收益 亏损作相反会计分录

项　目	内　　容	
年末，被投资单位发生盈亏	采用会计政策不同；被投资方各项资产、负债账面价值与公允价值不同	计算归属于投资方应享有的净利润或应承担的净亏损时，应考虑对被投资单位计提的折旧额、摊销额以及资产减值准备金额等进行调整。会计分录同上
未实现内部交易损益抵销	顺流交易：投资企业向联营企业或合营企业出售资产	交易发生时： 借：长期股权投资 　　贷：投资收益 （调整后被投资单位净利润－未实现内部交易损益）×持股比例
	逆流交易：联营企业或合营企业向投资企业出售资产	恢复时： 借：长期股权投资 　　贷：投资收益 （调整后被投资单位净利润＋对外销售实现上期产生的未实现内部交易损益）×投资比例
	无论是顺流交易还是逆流交易产生的未实现内部交易损失，其中属于所转让资产发生减值损失的，有关未实现内部交易损失不应予以抵销	

项目	内　　容
宣告发放股利	借：应收股利 　　贷：长期股权投资——损益调整
收到股利	借：银行存款 　　贷：应收股利
被投资方其他综合收益变动	借：长期股权投资——其他综合收益 　　贷：其他综合收益 亏损作相反会计分录
被投资方其他所有者权益变动	借：长期股权投资——其他权益变动 　　贷：资本公积——其他资本公积 亏损作相反会计分录

项目	内　容
超额亏损	借：投资收益 　　贷：长期股权投资——损益调整 　　　　长期应收款 　　　　预计负债 按以上顺序确认投资损失，仍有额外损失的作备查登记；待以后期间实现盈利，按确认或登记投资净损失时的相反顺序进行会计处理
处置	（1）借：银行存款 　　贷：长期股权投资——投资成本 　　　　　　　　——损益调整（可能在借方） 　　　　　　　　——其他综合收益（可能在借方） 　　　　　　　　——其他权益变动（可能在借方） 　　　　应收股利 　　　　投资收益（亏损在借方）

续表

项目	内　　容
处置	（2）借：其他综合收益 　　　　　贷：投资收益 亏损作相反会计分录。 （3）借：资本公积——其他资本公积 　　　　　贷：投资收益 亏损作相反会计分录
减值	借：资产减值损失 　　　贷：长期股权投资减值准备 一经计提，不得转回

【要点7】公允价值计量转权益法核算（掌握）

项目	内 容
解题思路	由金融资产转为权益法核算； 视同先出售金融资产，再购买长期股权投资（同一控制下企业合并除外）
初始成本	初始投资成本＝原股权转换日公允价值＋新增投资而应支付对价的公允价值
会计处理	借：长期股权投资——投资成本（原股权投资公允价值＋新增投资而应支付对价的公允价值） 　　贷：交易性金融资产 　　　　银行存款等 比较初始投资成本，与按照追加投资后全新的持股比例计算确定的应享有被投资单位在追加投资日可辨认净资产公允价值份额之间的差额，前者大于后者的，不调整长期股权投资的账面价值；前者小于后者的，差额应调整长期股权投资的账面价值，并计入当期营业外收入。 借：长期股权投资——投资成本 　　贷：营业外收入

【要点8】公允价值计量或权益法核算转成本法核算（掌握）

项目	内　　容
公允价值计量转成本法	解题思路：视同先出售金融资产，再购买长期股权投资（同一控制下企业合并除外） （1）借：长期股权投资（原持有的股权投资公允价值＋新增投资成本） 　　　　贷：其他权益工具投资 　　　　　　银行存款等 （2）借：其他综合收益 　　　　贷：留存收益
权益法核算转成本法核算	原持有对联营企业、合营企业的长期股权投资，因追加投资等原因，能够对被投资单位实施控制的长期股权投资，应按企业合并形成的长期股权投资有关内容进行会计处理

【要点9】权益法核算转公允价值计量（掌握）

项目	内　　容
解题思路	权益法核算转金融资产； 对剩余股权，先出售长期股权投资，再购买金融资产
会计处理	(1) 确认股权处置损益： 借：银行存款 　　贷：长期股权投资——投资成本 　　　　　　　　　　——损益调整 　　　　　　　　　　——其他综合收益 　　　　　　　　　　——其他权益变动 　　　　投资收益

续表

项目	内　容
会计处理	**（2）剩余股权投资转为金融资产：** 借：交易性金融资产（剩余股权在处置日的公允价值） 　　贷：长期股权投资——投资成本 　　　　　　　　　　——损益调整 　　　　　　　　　　——其他综合收益 　　　　　　　　　　——其他权益变动 　　　投资收益 **（3）借：其他综合收益** 　　　资本公积——其他资本公积 　　　贷：投资收益

【要点10】成本法转权益法（掌握）

项目	内　　容
解题思路	对剩余长期股权投资不视同销售，进行追溯调整
会计处理	(1) 按处置投资的比例结转应终止确认的长期股权投资成本： 借：银行存款 　　贷：长期股权投资 　　　　投资收益 或按新的持股比例确认本投资方应享有的原子公司因增资扩股而增加净资产的份额： 借：长期股权投资 　　贷：投资收益

续表

项目	内 容
会计处理	(2) 比较剩余长期股权投资的成本与按照剩余持股比例计算原投资时应享有被投资单位可辨认净资产公允价值的份额，前者大于后者的，不调整长期股权投资的账面价值；前者小于后者的，在调整长期股权投资成本的同时，调整留存收益： 借：长期股权投资——损益调整 贷：盈余公积 利润分配 投资收益 (3) 借：长期股权投资 贷：其他综合收益 资本公积——其他资本公积

【要点11】 成本法核算转公允价值计量（掌握）

项目	内　容
解题思路	成本法转金融资产； 对剩余股权，先出售长期股权投资，再购买金融资产
会计处理	（1）确认股权投资处置损益： 借：银行存款 　　贷：长期股权投资 　　　　投资收益 （2）剩余股权转为金融资产（再购买金融资产）： 借：交易性金融资产 　　贷：长期股权投资 　　　　投资收益

续表

项目	内　容
核算方法	（1）处置长期股权投资，其账面价值与实际取得价款之间的差额，应当计入当期损益。 （2）采用权益法核算的长期股权投资，在处置该项投资时，应当采用与被投资单位直接处置相关资产或负债相同的基础，全部或按相应比例对原计入其他综合收益的部分进行会计处理。 （3）因被投资方除净损益、其他综合收益和利润分配以外的其他所有者权益变动而确认的所有者权益，应当全部或按相应比例转入当期损益

【要点 12】合营安排的概念及特征（熟悉）

项目	内容	备注
概念	合营安排是指一项由两个或两个以上的参与方共同控制的安排	—
主要特征	（1）各参与方均受到该安排的约束； （2）两个或两个以上的参与方对该安排实施共同控制	（1）合营安排通过相关约定对各参与方予以约束。相关约定是指据以判断是否存在共同控制的一系列具有执行力的合约（包括合同安排、对该安排构成约束的法律形式本身）； （2）共同控制是指按照相关约定对某项安排所共有的控制，并且该安排的相关活动必须经过分享控制权的参与方一致同意后才能决策

【要点 13】 共同控制及判断原则 （熟悉）

项目	内容	备注
共同控制的概念	共同控制作为合营安排的一个重要特征，是指按照相关约定对某项安排所共有的控制，并且该安排的相关活动必须经过分享控制权的参与方一致同意后才能决策	共同控制不同于控制，也不同于重大影响
判断原则	首先判断是否所有参与方或参与方组合集体控制该安排，其次再判断该安排相关活动的决策是否必须经过这些参与方一致同意	相关活动是指对某项安排的回报产生重大影响的活动
集体控制	如果所有参与方或一组参与方必须一致行动才能决定某项安排的相关活动，则称所有参与方或一组参与方集体控制该安排	集体控制不是单独一方控制

续表

项目	内容	备注
相关活动的决策	主体应当在确定是由参与方组合集体控制该安排，而不是某一参与方单独控制该安排后，再判断这些集体控制该安排的参与方是否控制该安排。当且仅当相关活动的决策要求集体控制该安排的参与方一致同意时，才存在共同控制	存在共同控制时，有关合营安排相关活动的所有重大决策必须经过分享控制权的各方一致同意。一致同意的规定保证了对合营安排具有共同控制的任何一个参与方均可以阻止其他方在未经其同意的情况下就相关活动单方面作出决策

提示　当相关约定中设定了就相关活动作出决策所需的最低投票权比例时，若存在多种参与方的组合形式中均能满足最低投票权要求的情形，则该安排就不是合营安排。如果存在两个或两个以上的参与方组合能够集体控制某项安排的，不构成共同控制。

【要点14】合营安排的分类（熟悉）

类型	概念	分类依据
共同经营	共同经营，是指合营方享有该安排相关资产且承担该安排相关负债的合营安排	合营方应当根据其在合营安排的正常经营中享有的权利和承担的义务，来确定合营安排的分类。对权利和义务进行评价时，应当考虑该合营安排的结构、法律形式以及合营安排中约定的条款、其他相关事实和情况等因素
合营企业	合营企业，是指合营方仅对该安排的净资产享有权利的合营安排	

学习心得

【要点 15】共同经营和合营企业对比（熟悉）

对比项目	共同经营	合营企业
合营安排的条款	参与方对合营安排的相关资产享有权利并对相关负债承担义务	参与方对与合营安排有关净资产享有权利，即单独主体（而不是参与方），享有与安排相关资产的权利，并承担与安排相关负债的义务
对资产的权利	参与方按照约定的比例分享合营安排的相关资产的全部利益（例如，权利、权属或所有权等）	资产属于合营安排，参与方并不对资产享有权利
对负债的义务	参与方按照约定的比例分担合营安排的成本、费用、债务及义务。第三方对该安排提出的索赔要求，参与方作为义务人承担赔偿责任	合营安排对自身的债务或义务承担责任。参与方仅以其自身对该安排认缴的投资额为限对该安排承担相应的义务。合营安排的债权方无权就该安排的债务对参与方进行追索

续表

对比项目	共同经营	合营企业
收入、费用及损益	合营安排建立了各参与方按照约定的比例（例如，按照各自所耗用的产能比例）分配收入和费用的机制。某些情况下，参与方按约定的份额比例享有合营安排产生的净损益不会必然使其被分类为合营企业，仍应当分析参与方对该安排相关资产的权利以及对该安排相关负债的义务	各参与方按照约定的份额比例享有合营安排产生的净损益
担保	参与方为合营安排提供担保（或提供担保的承诺）的行为本身并不直接导致一项安排被分类为共同经营	

【要点16】共同经营中合营方的账务处理（熟悉）

类型	处理原则
一般会计处理原则	合营方应当确认其与共同经营中利益份额相关的下列项目，并按照相关企业会计准则的规定进行会计处理：（1）确认单独所持有的资产，以及按其份额确认共同持有的资产；（2）确认单独所承担的负债，以及按其份额确认共同承担的负债；（3）确认出售其享有的共同经营产出份额所产生的收入；（4）按其份额确认共同经营因出售产出所产生的收入；（5）确认单独所发生的费用，以及按其份额确认共同经营发生的费用
合营方向共同经营投出或出售不构成业务的资产	合营方向共同经营投出或出售资产等（该资产构成业务的除外），在共同经营将相关资产出售给第三方或相关资产消耗之前（即未实现内部利润仍包括在共同经营持有的资产账面价值中时），应当仅确认归属于共同经营其他参与方的利得或损失。交易表明投出或出售的资产发生符合《企业会计准则第8号——资产减值》等规定的资产减值损失的，合营方应当全额确认该损失

续表

类型	处理原则
合营方自共同经营购买不构成业务的资产	合营方自共同经营购买资产等（该资产构成业务的除外），在将该资产等出售给第三方之前（即未实现内部利润仍包括在合营方持有的资产账面价值中时），不应当确认因该交易产生的损益中该合营方应享有的部分。即此时应当确认因该交易产生的损益中归属于共同经营其他参与方的部分
合营方取得构成业务的共同经营的利益份额	合营方取得共同经营中的利益份额，且该共同经营构成业务时，应当按照企业合并准则等相关准则进行相应的会计处理，但其他相关准则的规定不能与本章节的规定相冲突。企业应当按照企业合并准则的相关规定判断该共同经营是否构成业务

第七章　资产减值

☞ 掌握资产减值的定义及范围

☞ 熟悉资产减值迹象的判断

☞ 熟悉资产可收回金额计量的基本要求

☞ 熟悉资产的公允价值减去处置费用后净额的确定

☞ 熟悉资产预计未来现金流量现值的确定

☞ 熟悉资产减值损失的确定及账务处理

☞ 熟悉资产组的认定

☞ 熟悉资产组可收回金额和账面价值的确定

【要点1】资产减值的定义及其范围（掌握）

项目	内　　容
定义	资产减值，是指资产的可收回金额低于其账面价值。 这里所指资产，包括单项资产和资产组
范围	（1）对子公司、联营企业和合营企业的长期股权投资； （2）采用成本模式进行后续计量的投资性房地产； （3）固定资产； （4）无形资产； （5）探明石油天然气矿区权益和井及相关设施等

【要点2】资产减值的迹象与测试（熟悉）

情形	内容
无论是否存在减值迹象，至少应当每年进行减值测试	（1）使用寿命不确定的无形资产； （2）企业合并形成的商誉
有减值迹象才进行测试	固定资产、无形资产、投资性房地产、其他长期资产等
减值迹象	外部信息来源	（1）资产的市价当期大幅度下跌，其跌幅明显高于因时间的推移或者正常使用而预计的下跌。 （2）企业经营所处的经济、技术或者法律等环境以及资产所处的市场在当期或者将在近期发生重大变化，从而对企业产生不利影响。 （3）市场利率或者其他市场投资报酬率在当期已经提高，从而影响企业计算资产预计未来现金流量现值的折现率，导致资产可收回金额大幅度降低

续表

情形		内　容
减值迹象	内部 信息来源	（1）有证据表明资产已经陈旧过时或者其实体已经损坏。 （2）资产已经或者将被闲置、终止使用或者计划提前处置。 （3）企业内部报告的证据表明资产的经济绩效已经低于或者将低于预期，如资产所创造的净现金流量或者实现的营业利润（或者亏损）远远低于（或者高于）预计金额等

【要点3】资产可收回金额计量的基本要求（熟悉）

（一）判断

资产发生减值迹象➡减值测试，估计可收回金额➡可收回金额低于账面价值，按其差额计提减值准备，确认减值损失

（二）可收回金额确认

可收回
金额确认➡资产的公允价值减去处置费用后的净额
资产预计未来现金流量的现值➡二者较高者为
可收回金额

（三）特殊考虑

（1）如果资产的公允价值减去处置费用后的净额与资产预计未来现金流量的现值，只要有一项超过了资产的账面价值，就表明资产没有发生减值，不需要再估计另一项金额。

（2）如果没有确凿证据或者理由表明，资产预计未来现金流量现值显著高于其公允价值减去处置费用后的净额，可以将资产的公允价值减去处置费用后的净额视为资产的可收回金额。

（3）以前报告期间的计算结果表明，资产可收回金额显著高于其账面价值，之后又没有发生消除这一差异的交易或者事项的，资产负债表日可以不重新估计该资产的可收回金额。

（4）以前报告期间的计算与分析表明，资产可收回金额相对于某种减值迹象反应不敏感，在本报告期间又发生了该减值迹象的，可以不因该减值迹象的出现而重新估计该资产的可收回金额。

学习心得

【要点4】资产的公允价值减去处置费用后净额的确定（熟悉）

要素	内　容
公允价值的确定	按以下顺序确定： （1）销售协议价格； （2）资产的市场价格（买方出价）； （3）熟悉情况的交易双方自愿进行公平交易愿意提供的交易价格
处置费用的确定	指可以直接归属于资产处置的增量成本，包括与资产处置有关的法律费用、相关税费、搬运费以及为使资产达到可销售状态所发生的直接费用等，但是财务费用和所得税费用等不包括在内

提示　资产的公允价值减去处置费用后的净额，通常反映的是资产如果被出售或者处置时可以收回的净现金流入。

【要点5】资产预计未来现金流量现值的确定（熟悉）

项目	内　容
需要考虑的因素	需要综合考虑资产的预计未来现金流量、资产的使用寿命和折现率三个因素
预计资产未来现金流量的内容	（1）资产持续使用过程中预计产生的现金流入。 （2）为实现现金流入所必需的预计现金流出（包括为使资产达到预定可使用状态所发生的现金流出）。 （3）资产使用寿命结束时，处置资产所收到或者支付的净现金流量
预计资产未来现金流量应当考虑的因素	（1）以资产的当前状况为基础预计资产未来现金流量，不应当包括与将来可能会发生的、尚未作出承诺的重组事项或者与资产改良有关的预计未来现金流量。 （2）预计资产未来现金流量不应当包括筹资活动和与所得税收付有关的现金流量。 （3）对通货膨胀因素的考虑应当和折现率相一致。 （4）对内部转移价格应当予以调整

续表

项目	内 容
预计资产未来 现金流量的方法	单一的未来每期预计现金流量： 每期现金流量 = 预计的最有可能产生的现金流量（是单一的数据） 期望现金流量法预计资产未来现金流量： 每期现金流量 = $\sum$（每种情况下的现金流量 × 该情况下的概率）
折现率的预计	（1）折现率应当是反映当前市场货币时间价值和资产特定风险的税前利率。该折现率是企业在购置或者投资资产时所要求的必要报酬率。 （2）通常应当以该资产的市场利率为依据。 （3）如果该资产的市场利率无法从市场获得，可以使用替代利率估计折现率。企业在估计替代利率时，可以根据企业的加权平均资金成本、增量借款利率或者其他相关市场借款利率作适当调整后确定

续表

项目	内　容
计算公式	资产未来现金流量的现值（PV）= $\sum \dfrac{\text{第 t 年预计资产未来现金流量（NCF}_t\text{）}}{[1+\text{折现率（R）}]^t}$
外币未来现金流量及其现值的确定	第一步，计算外币现金流量； 第二步，计算外币现值； 第三步，折算为记账本位币现值，将其与资产公允价值减去处置费用后的净额相比较，较高者为可收回金额；再根据可收回金额与资产账面价值相比较，确定是否需要确认减值损失以及确认多少减值损失

【要点6】资产减值损失的确定及其账务处理（熟悉）

项目	内　　　容
资产发生减值	如果资产的可收回金额低于账面价值，应当将资产的账面价值减记至可收回金额，减记的金额确认为资产减值损失： 借：资产减值损失 　　贷：固定资产减值准备/无形资产减值准备/长期股权投资减值准备/投资性房地产减值准备
减值后资产折旧或摊销	以减值后的账面价值、折旧或摊销方法以及剩余使用寿命等情况为基础重新计算折旧或摊销
减值准备转回	资产减值损失准则核算范围内的资产减值准备一经计提，不得转回
减值准备转销	资产处置时，应当将相应的资产减值准备予以转销，转销后资产账面价值为零

【要点7】资产组的认定（熟悉）

项目	内　　容
概念	资产组，是指企业可以认定的最小资产组合，其产生的现金流入应当基本上独立于其他资产或资产组产生的现金流入
认定资产组应考虑的因素	（1）资产组能否独立产生现金流入是认定资产组的最关键因素。 （2）应当考虑企业管理层管理生产经营活动的方式（如是按照生产线、业务种类还是按照地区或者区域等）和对资产的持续使用或者处置的决策方式等

提示　　资产组一经确定，不得随意变更，即资产组各项资产的构成通常不能随意变更。

【要点8】资产组可收回金额和账面价值的确定（熟悉）

项目	内　　容
公式	资产组减值损失 = 资产组账面价值 – 资产组可收回金额
可收回金额	按照该资产组的公允价值减去处置费用后的净额与其预计未来现金流量的现值两者之间较高者确定
账面价值	（1）资产组账面价值的确定基础应当与其可收回金额的确定方式相一致。 （2）资产组的账面价值包括可直接归属于资产组与可以合理和一致地分摊至资产组的资产账面价值，通常不应当包括已确认负债的账面价值

第八章　金融资产和金融负债

☞ 掌握金融资产的分类

☞ 掌握金融负债的分类

☞ 掌握金融资产和金融负债的初始计量

☞ 掌握金融资产的后续计量

☞ 掌握金融负债的后续计量

☞ 熟悉金融资产的重分类

【要点 1】金融资产的分类（掌握）

序号	分类	分类条件	举例
1	以摊余成本计量的金融资产	（1）企业管理该金融资产的业务模式是以收取合同现金流量为目标。 （2）该金融资产的合同条款规定，在特定日期产生的现金流量，仅为支付的本金和以未偿付本金金额为基础的利息	银行向企业客户发放的固定利率贷款，该贷款没有其他特殊的安排。 科目设置：贷款、应收账款、债权投资等
2	以公允价值计量且其变动计入其他综合收益的金融资产	（1）企业管理该金融资产的业务模式既以收取合同现金流量为目标又以出售该金融资产为目标。 （2）该金融资产的合同条款规定，在特定日期产生的现金流量，仅为支付本金和以未偿付本金金额为基础的利息	企业持有的普通债券，按合同现金流量到期收回本金和利息或出售。 科目设置：其他债权投资

续表

序号	分类	分类条件	举例
3	以公允价值计量且其变动计入当期损益的金融资产	企业分类为以摊余成本计量的金融资产和以公允价值计量且其变动计入其他综合收益的金融资产之外的金融资产，应当分类为以公允价值计量且其变动计入当期损益的金融资产	企业持有的普通股股票、基金和可转换债券等。 科目设置：交易性金融资产
4	特殊规定（指定）	在初始确认时，企业可以将非交易性权益工具投资指定为以公允价值计量且其变动计入其他综合收益的金融资产，并按照规定确认股利收入	企业投资上市公司股票或者非上市公司股权的，都可能属于这种情形。该指定一经作出，不得撤销。 科目设置：其他权益工具投资

提示

(1) 企业的金融资产主要包括库存现金、银行存款、应收账款、应收票据、其他应收款、贷款、垫款、债权投资、股权投资、基金投资、衍生金融资产等。

(2) 企业根据其管理金融资产的业务模式和金融资产的合同现金流量特征，将金融资产分为三类。企业对金融资产的分类一经确定，不得随意变更。

(3) 金融资产或金融负债满足下列条件之一的，表明企业持有该金融资产或承担该金融负债的目的是交易性的：①取得相关金融资产或承担相关金融负债的目的，主要是为了近期出售或回购。②相关金融资产或金融负债在初始确认时属于集中管理的可辨认金融工具组合的一部分，且有客观证据表明近期实际存在短期获利目的。③相关金融资产或金融负债属于衍生工具。但符合财务担保合同定义的衍生工具以及被指定为有效套期工具的衍生工具除外。只有不符合上述条件的非交易性权益工具投资才可以进行指定。

【要点2】不同类金融资产之间的重分类（熟悉）

要点	内　　容
调整方法	自重分类日起采用未来适用法，不作追溯调整
重分类日	指导致企业对金融资产进行重分类的业务模式发生变更后的首个报告期间的第一天。例如，A上市公司决定于2023年10月15日改变其管理某金融资产的业务模式，则重分类日为2024年1月1日
不属于业务模式变更的情形	（1）企业持有特定金融资产的意图改变。企业即使在市场状况发生重大变化的情况下改变对特定资产的持有意图，也不属于业务模式变更。 （2）金融资产特定市场暂时性消失从而暂时影响金融资产出售。 （3）金融资产在企业具有不同业务模式的各部门之间转移
其他需要注意事项	（1）如果企业管理金融资产的业务模式没有发生变更，而金融资产的条款发生变更但未导致终止确认的，不允许重分类。 （2）如果金融资产条款发生变更导致金融资产终止确认的，不涉及重分类问题，企业应当终止确认原金融资产，同时按照变更后的条款确认一项新金融资产。 （3）金融资产终止确认，是指企业将之前确认的金融资产从其资产负债表中予以转出

【要点3】 金融负债的分类（掌握）

序号	分类	说明
1	以摊余成本计量的金融负债	除以下3种情形外，企业应当将金融负债分为此类
2	以公允价值计量且其变动计入当期损益的金融负债	包括交易性金融负债和指定为以公允价值计量且其变动计入当期损益的金融负债
3	不符合终止确认条件的金融资产转移或继续涉入被转移金融资产所形成的金融负债	
4	不属于上述2或3情形的财务担保合同，以及不属于上述1情形的、以低于市场利率贷款的贷款承诺	

提示

(1) 金融负债主要包括应付账款、长期借款、其他应付款、应付票据、应付债券、衍生金融负债等。

(2) 在非同一控制下的企业合并中，企业作为购买方确认的或有对价形成金融负债的，该金融负债应当按照以公允价值计量且其变动计入当期损益进行会计处理。

(3) 企业对金融负债的分类一经确定，不得变更。

学习心得

【要点 4】金融资产的初始计量（掌握）

资产类别	初始成本	交易费用	其他
以公允价值计量且其变动计入当期损益的金融资产	以公允价值计量	计入当期损益（投资收益）	企业取得金融资产所支付的价款中包含的已宣告但尚未发放的现金股利或已到付息期但尚未领取的利息，应当单独确认为应收项目处理
以摊余成本计量的金融资产	以公允价值计量	计入初始确认金额	
以公允价值计量且其变动计入其他综合收益的金融资产	以公允价值计量	计入初始确认金额	
指定为以公允价值计量且其变动计入其他综合收益的非交易性权益工具投资	以公允价值计量	计入初始确认金额	

提示　交易费用，是指可直接归属于购买、发行或处置金融工具的增量费用，包括支付给代理机构、券商、证券交易所、政府有关部门等的手续费、佣金、相关税费以及其他必要支出，不包括债券溢价、折价、融资费用、内部管理成本和持有成本等与交易不直接相关的费用。

学习心得

【要点5】金融资产后续计量相关概念（掌握）

项目	内容
实际利率法	指计算金融资产或金融负债的摊余成本以及将利息收入或利息费用分摊计入各会计期间的方法
实际利率	指将金融资产或金融负债在预计存续期的估计未来现金流量，折现为该金融资产账面余额（不考虑减值）或该金融负债摊余成本时所使用的利率。 **【注意】**不考虑预期信用损失；考虑属于实际利率组成部分的各项费用、交易费用及溢价或折价等
摊余成本	金融资产或金融负债的摊余成本，应当以该金融资产或金融负债的初始确认金额经下列调整后的结果确定： （1）扣除已偿还的本金。 （2）加上或减去采用实际利率法将该初始确认金额与到期日金额之间的差额进行摊销形成的累计摊销额。 （3）扣除计提的累计信用减值准备（仅适用于金融资产）

【要点6】以摊余成本计量的金融资产的会计处理（掌握）

项目	会计处理
计量方法	（1）采用实际利率法。 （2）期末摊余成本 = 初始确认金额 - 已收回的本金 + （或 -）累计摊销的折价（溢价）- 累计信用减值准备
取得债权投资	借：债权投资——成本（面值） 　　应收利息（支付的价款中包含的已到付息期但尚未领取的利息） 　　贷：银行存款 　　　　债权投资——利息调整（差额，可借可贷，包含交易费用）
持有期间	（1）资产负债表日，计算利息： 借：债权投资——应计利息（按票面利率计算） 　　贷：投资收益（按摊余成本和实际利率计算） 　　　　债权投资——利息调整（差额，可借可贷） （2）已过付息期但尚未收到的利息： 借：应收利息 　　贷：债权投资——应计利息

续表

项目	会计处理
持有期间	（3）收到利息： 借：银行存款 　　贷：债权投资——应计利息/应收利息
减值	资产负债表日，应以预期信用损失为基础确定应计提的减值准备金额。 应计提的减值准备金额**大于**当前减值准备账面余额的： 借：信用减值损失（差额） 　　贷：债权投资减值准备 应计提的减值准备金额**小于**当前减值准备账面余额的，按其差额作相反会计分录
出售债权投资	（1）重新计算剩余存续期预期信用损失： 损失金额**大于**当前减值准备账面余额时： 借：信用减值损失（差额） 　　贷：债权投资减值准备 损失金额**小于**当前减值准备账面余额时，按其差额作相反会计分录。

续表

项目	会计处理
出售债权 投资	（2）终止确认时： 借：银行存款 　　债权投资减值准备 　　贷：债权投资——成本 　　　　　　——利息调整（可借可贷） 　　　　　　——应计利息 　　　　投资收益（差额，可借可贷）
到期收回 债权投资	借：银行存款 　　债权投资减值准备 　　贷：债权投资——成本 　　　　　　——应计利息 　　　　　　——利息调整（可借可贷） 　　　　信用减值损失（差额，可借可贷）

学习心得

【要点7】以公允价值计量且其变动计入其他综合收益的金融资产的会计处理（掌握）

项目	会计处理
取得投资	借：其他债权投资——成本（面值） 　　应收利息（支付的价款中包含的已到付息期但尚未领取的利息） 　　贷：银行存款 　　　　其他债权投资——利息调整（差额，可借可贷）
持有期间	（1）资产负债表日，计算利息： 借：其他债权投资——应计利息（按票面利率计算） 　　贷：投资收益（按摊余成本和实际利率计算） 　　　　其他债权投资——利息调整（差额，可借可贷） （2）已过付息期但尚未收到的利息： 借：应收利息 　　贷：其他债权投资——应计利息 （3）资产负债表日，公允价值高于其账面余额： 借：其他债权投资——公允价值变动（差额） 　　贷：其他综合收益——其他债权投资公允价值变动

续表

项目	会计处理
持有期间	公允价值低于其账面余额： 借：其他综合收益——其他债权投资公允价值变动 　　贷：其他债权投资——公允价值变动
减值	资产负债表日，应以预期信用损失为基础确定应计提的减值准备金额。 应计提的减值准备金额大于当前减值准备账面余额的： 借：信用减值损失（差额） 　　贷：其他综合收益——信用减值准备 应计提的减值准备金额小于当前减值准备账面余额的，按其差额作相反会计分录
出售其他债权投资	（1）重新计算剩余存续期预期信用损失： 损失金额大于当前减值准备账面余额时： 借：信用减值损失（差额） 　　贷：其他综合收益——信用减值准备 损失金额小于当前减值准备账面余额时，按其差额作相反会计分录。

续表

项目	会计处理
出售其他债权投资	（2）终止确认时： 借：银行存款 　　其他综合收益——信用减值准备 　　　　　　　　　——其他债权投资公允价值变动（转出的公允价值累计变动额，可借可贷） 　　贷：其他债权投资——成本 　　　　　　　　　　　——公允价值变动（可借可贷） 　　　　　　　　　　　——利息调整（可借可贷） 　　　　　　　　　　　——应计利息 　　　　投资收益（差额，可借可贷）
到期收回其他债权投资	借：银行存款 　　其他综合收益——其他债权投资公允价值变动（转出的公允价值累计变动额，借记或贷记） 　　　　　　　　　——信用减值准备 　　贷：其他债权投资——成本 　　　　　　　　　　　——应计利息 　　　　　　　　　　　——利息调整（可借可贷） 　　　　　　　　　　　——公允价值变动（可借可贷） 　　　　信用减值损失（差额，贷记或借记）

提示　(1) 按公允价值进行后续计量。

(2) 该类金融资产所产生的利得或损失，除减值损失或利得和汇兑损益外，均应当计入其他综合收益，直至该金融资产终止确认或被重分类。

(3) 采用实际利率法计算的该金融资产的利息应当计入当期损益。

(4) 终止确认时，之前计入其他综合收益的累计利得或损失应当从其他综合收益中转出，计入当期损益。

学习心得

【要点8】以公允价值计量且其变动计入当期损益的金融资产的会计处理（掌握）

项目	会计处理
取得投资	借：交易性金融资产——成本（公允价值） 　　投资收益（交易费用） 　　应收利息/应收股利（已到付息期但尚未领取的利息或已宣告但尚未发放的现金股利） 　贷：银行存款
持有期间	（1）被投资单位宣告发放的现金股利： 　借：应收股利 　　贷：投资收益 （2）债券投资计息日： 　借：交易性金融资产——应计利息 　　贷：投资收益 也可以不单独确认前述利息，而通过"交易性金融资产——公允价值变动"科目汇总反映包含利息的债权投资的公允价值变化。

续表

项目	会计处理
持有期间	（3）资产负债表日，公允价值高于其账面余额： 借：交易性金融资产——公允价值变动 　　贷：公允价值变动损益 公允价值低于其账面余额： 借：公允价值变动损益 　　贷：交易性金融资产——公允价值变动
出售	借：银行存款 　　贷：交易性金融资产——成本 　　　　　　　　　　——应计利息 　　　　　　　　　　——公允价值变动（可借可贷） 　　　　投资收益（差额，可借可贷）

提示　以公允价值计量且其变动计入当期损益的金融资产的会计处理，着重反映了该类金融资产公允价值的变化以及对企业财务状况和经营成果的影响。

【要点9】指定为以公允价值计量且其变动计入其他综合收益的非交易性权益工具投资的会计处理（掌握）

项目	会计处理
取得投资	借：其他权益工具投资——成本（公允价值与交易费用之和） 　　应收股利（支付的价款中包含的已宣告但尚未发放的现金股利） 　　贷：银行存款
持有期间 （资产负债表日）	公允价值高于其账面余额： 借：其他权益工具投资——公允价值变动 　　贷：其他综合收益——其他权益工具投资公允价值变动 公允价值低于其账面余额： 借：其他综合收益——其他权益工具投资公允价值变动 　　贷：其他权益工具投资——公允价值变动 确认应收现金股利： 借：应收股利 　　贷：投资收益

续表

项目	会计处理
出售	借：银行存款 　　其他权益工具投资——公允价值变动（可借可贷） 　　利润分配——未分配利润等留存收益科目（差额，可借可贷） 　　　贷：其他权益工具投资——成本 同时： 借：利润分配——未分配利润等留存收益科目（可借可贷） 　　贷：其他综合收益——其他权益工具投资公允价值变动（可借可贷）

提示　（1）按公允价值进行后续计量，后续变动计入其他综合收益。

（2）该类投资不需计提减值准备，除了获得的股利收入（明确作为投资成本部分收回的股利收入除外）计入当期损益外，其他相关的利得和损失（包括汇兑损益）均应当计入其他综合收益，且后续不得转入损益。

（3）当终止确认时，之前计入其他综合收益的累计利得或损失应当从其他综合收益中转出，计入留存收益。

【要点10】金融资产的重分类（熟悉）

重分类		核算
以摊余成本计量的金融资产	以公允价值计量且其变动计入当期损益的金融资产	（1）按照该资产在重分类日的公允价值进行计量。 （2）原账面价值与公允价值之间的差额计入当期损益（公允价值变动损益）
	以公允价值计量且其变动计入其他综合收益的金融资产	（1）按照该资产在重分类日的公允价值进行计量。 （2）原账面价值与公允价值之间的差额计入其他综合收益。 （3）该金融资产重分类不影响其实际利率和预期信用损失的计量
以公允价值计量且其变动计入其他综合收益的金融资产	以摊余成本计量的金融资产	（1）将之前计入其他综合收益的累计利得或损失转出，调整该金融资产在重分类日的公允价值，并以调整后的金额作为新的账面价值，即视同该金融资产一直以摊余成本计量。 （2）该金融资产重分类不影响其实际利率和预期信用损失的计量

续表

重分类		核算
以公允价值计量且其变动计入其他综合收益的金融资产	→ 以公允价值计量且其变动计入当期损益的金融资产	(1) 继续以公允价值计量该金融资产。 (2) 企业应当将之前计入其他综合收益的累计利得或损失从其他综合收益转入当期损益
以公允价值计量且其变动计入当期损益的金融资产	以摊余成本计量的金融资产	以其在重分类日的公允价值作为新的账面余额
	以公允价值计量且其变动计入其他综合收益的金融资产	继续以公允价值计量该金融资产
	对以公允价值计量且其变动计入当期损益的金融资产进行重分类的，企业应当根据该金融资产在重分类日的公允价值确定其实际利率。同时，企业应当自重分类日起对该金融资产适用金融工具减值的相关规定，并将重分类日视为初始确认日	

【要点11】金融负债的初始计量和后续计量（掌握）

项目	以公允价值计量且其变动计入当期损益的金融负债	其他类别金融负债
初始计量	以公允价值计量	以公允价值计量
交易费用	计入当期损益（投资收益）	计入初始确认金额
后续计量原则	以公允价值进行后续计量	除特殊规定外，应当按摊余成本进行后续计量
后续计量会计处理	公允价值变动形成利得或损失，除与套期会计有关外，应当计入当期损益（公允价值变动损益）	除与套期会计有关外，所产生的利得或损失，应当在终止确认时计入当期损益或在按照实际利率法摊销时计入相关期间损益

续表

项目	以公允价值计量且其变动计入当期损益的金融负债	其他类别金融负债
会计处理	(1) 发行短期债券： 借：银行存款 　　贷：交易性金融负债——成本 (2) 年末确认公允价值变动和利息费用： 借：公允价值变动损益 　　贷：交易性金融负债——公允价值变动 （或作相反分录） 借：财务费用 　　贷：交易性金融负债——应计利息 (3) 债券到期： 借：交易性金融负债——成本 　　　　　　　　　　——应计利息 　　贷：银行存款 　　　　投资收益（可借可贷）	(1) 发行债券： 借：银行存款 　　应付债券——利息调整（差额，可借可贷） 　　贷：应付债券——面值 (2) 确认和结转利息： 借：在建工程等 　　贷：应付债券——应计利息 　　　　　　　　　——利息调整（可借可贷） (3) 支付利息： 借：应付债券——应计利息 　　贷：银行存款 (4) 债券到期： 借：应付债券——面值 　　　　　　　——应计利息 　　贷：银行存款

第九章　职工薪酬

☞ 掌握短期薪酬的确认和计量

☞ 掌握辞退福利的确认和计量

☞ 熟悉职工薪酬的范围及分类

☞ 熟悉离职后福利的确认和计量

【要点1】职工薪酬的范围及分类（熟悉）

项目		内　　容
概念		职工薪酬，是指企业为获得职工提供的服务或解除劳动关系而给予的各种形式的报酬或补偿。企业提供给职工配偶、子女、受赡养人、已故员工遗属及其他受益人等的福利，也属于职工薪酬。 职工薪酬包括**短期薪酬**、**离职后福利**、**辞退福利**和**其他长期职工福利**
分类	短期薪酬	是指企业在职工提供相关服务的年度报告期间结束后12个月内需要全部予以支付的职工薪酬，因解除与职工的劳动关系给予的补偿（属于辞退福利）除外。 短期薪酬具体包括：（1）职工工资、奖金、津贴和补贴；（2）职工福利费；（3）医疗保险费和工伤保险费等社会保险费；（4）住房公积金；（5）工会经费和职工教育经费；（6）短期带薪缺勤；（7）短期利润分享计划；（8）非货币性福利；（9）其他短期薪酬
	离职后福利	是指企业为获得职工提供的服务而在职工退休或与企业解除劳动关系后提供的各种形式的报酬和福利，属于短期薪酬和辞退福利的除外。 如养老保险、失业保险属于离职后福利，不属于短期薪酬

续表

项目		内　容
分类	辞退福利	是指企业在职工劳动合同到期之前解除与职工的劳动关系或为鼓励职工自愿接受裁减而给予职工的补偿
	其他长期职工福利	是指除短期薪酬、离职后福利、辞退福利之外所有的职工薪酬，包括长期带薪缺勤、其他长期服务福利、长期残疾福利、长期利润分享计划和长期奖金计划等

【要点2】短期薪酬的确认和计量（掌握）

项目	内　容
原则	企业应当在职工为其提供服务的会计期间，将实际发生的短期薪酬确认为负债，并计入当期损益（其他相关会计准则要求或允许计入资产成本的除外）
一般短期薪酬（货币性薪酬）	提供服务时： 借：生产成本（生产工人） 　　制造费用（车间管理人员） 　　管理费用（行政管理人员） 　　销售费用（销售人员） 　　在建工程（基建人员） 　　研发支出（研发人员） 　　贷：应付职工薪酬（工资、医疗保险费、住房公积金、工会经费、 　　　　　　职工教育经费） 支付时： 借：应付职工薪酬 　　贷：银行存款 分配原则：按受益对象，谁用人谁负担

续表

项目	内　容	
一般短期薪酬（非货币性薪酬）	以自产产品发放职工福利	借：生产成本、制造费用、管理费用等 　　贷：应付职工薪酬 借：应付职工薪酬 　　贷：主营业务收入 　　　　应交税费——应交增值税（销项税额） 借：主营业务成本 　　贷：库存商品
	以外购商品发放职工福利	借：生产成本、管理费用、在建工程、研发支出等 　　贷：应付职工薪酬 借：应付职工薪酬 　　贷：库存商品等 　　　　应交税费——应交增值税（进项税额转出）

续表

项目	内 容	
一般短期薪酬（非货币性薪酬）	将拥有或租赁的房屋、汽车等资产提供给职工无偿使用	借：生产成本、制造费用、管理费用、销售费用等 　　贷：应付职工薪酬 借：应付职工薪酬 　　贷：累计折旧、其他应付款等
短期带薪缺勤	累积带薪缺勤	累积带薪缺勤，是指带薪权利可以结转下期的带薪缺勤，本期尚未用完的带薪缺勤权利可以在未来期间使用。企业应在职工提供服务从而增加了其未来享有的带薪缺勤权利时，确认与累积带薪缺勤相关的职工薪酬，并以累积未行使权利而增加的预期支付金额计量。 确认费用时： 借：管理费用 　　贷：应付职工薪酬——累积带薪缺勤 冲回上年度确认的费用时： 借：应付职工薪酬——累积带薪缺勤 　　贷：管理费用

续表

项目	内容	
短期带薪缺勤	非累积带薪缺勤	非累积带薪缺勤，是指带薪权利不能结转下期的带薪缺勤，本期尚未用完的带薪缺勤权利将予以取消，并且职工离开企业时也无权获得现金支付。由于职工提供服务不能增加其能够享受的福利金额，企业在职工未缺勤时不应当计提相关费用和负债；企业应当在职工实际发生缺勤的会计期间确认与非累积带薪缺勤相关的职工薪酬。通常情况下，与非累积带薪缺勤相关的职工薪酬已经包含在企业每期向职工发放的工资等薪酬中，不必额外作相应的账务处理，即视同职工出勤确认的当期费用或相关资产成本
短期利润分享计划	短期利润分享计划同时满足下列条件的，企业应当确认相关的应付职工薪酬，并计入当期损益或相关资产成本：（1）企业因过去事项导致现在具有支付职工薪酬的法定义务或推定义务；（2）因利润分享计划所产生的应付职工薪酬义务金额能够可靠估计。 短期利润分享计划按受益原则分配，账务处理如下： 借：管理费用、生产成本、销售费用等 　　贷：应付职工薪酬——利润分享计划	

【要点3】离职后福利概述（熟悉）

项目	内　　容
包含内容	离职后福利包括退休福利（如养老金和一次性的退休支付）及其他离职后福利（如离职后人寿保险和离职后医疗保障）
核算期间	企业应当在职工提供服务的会计期间对离职后福利进行确认和计量
离职后福利计划	离职后福利计划，是指企业与职工就离职后福利达成的协议，或者企业为向职工提供离职后福利制定的规章或办法等。企业应当按照企业承担的风险和义务情况，将离职后福利计划分类为设定提存计划和设定受益计划

提示　设定提存计划与设定受益计划的区分，取决于离职后福利计划的主要条款和条件所包含的经济实质。在设定提存计划下，风险实质上由职工来承担，而在设定受益计划下，则是由企业来承担。

【要点4】设定提存计划的确认和计量（熟悉）

项目	内　　容
定义	是指企业向单独主体（如基金等）缴存固定费用后，不再承担进一步支付义务的离职后福利计划
确认与计量	企业应当根据在资产负债表日为换取职工在会计期间提供的服务而应向单独主体缴存的提存金，确认职工薪酬负债，并将其计入当期损益或相关资产成本。 借：生产成本、制造费用、管理费用 　　贷：应付职工薪酬——设定提存计划 企业预期不会在职工提供相关服务的年度报告期结束后12个月内支付全部应缴存金额的，应当参照资产负债表日与设定提存计划义务期限和币种相匹配的国债或活跃市场上的高质量公司债券的市场收益率确定的折现率，将全部应缴存金额以折现后的金额计量应付职工薪酬

【要点5】辞退福利的确认和计量（掌握）

项目	内　　容
包含内容	（1）在职工劳动合同到期前，不论职工本人是否愿意，企业决定解除与职工劳动关系而给予的补偿。 （2）在职工劳动合同到期前，为鼓励职工自愿接受裁减而给予职工的补偿，职工有权利选择继续在职或接受补偿离职
确认和计量	企业向职工提供辞退福利的，应当在以下两者孰早的时点确认辞退福利产生的职工薪酬负债，并计入当期损益： （1）企业不能单方面撤回因解除劳动关系计划或裁减建议所提供的辞退福利时。 （2）企业确认涉及支付辞退福利的重组相关的成本或费用时
	企业有详细、正式的重组计划并且该重组计划已对外公告时，表明企业承担了重组义务。重组计划包括重组涉及的业务、主要地点、需要补偿的职工人数及其岗位性质、预计重组支出、计划实施时间等

续表

项目	内 容
辞退福利在 12 个月内支付	借：管理费用 　　贷：应付职工薪酬
辞退工作 1 年内完成，补偿期超过 12 个月	借：管理费用 　　未确认融资费用 　　贷：应付职工薪酬
"内退"的情况	在职工正式退休日期之前应当比照辞退福利处理，一次性计入管理费用；在职工正式退休日期之后，应当按照离职后福利处理。 注：一次性计入当期损益，不能分期计入

第十章　股份支付

☞ 掌握股份支付的账务处理
☞ 熟悉股份支付的主要环节及类型
☞ 熟悉股份支付的确认和计量原则

【要点1】股份支付的主要环节（熟悉）

时间节点	内　　　容
授予日	指股份支付协议获得批准的日期。其中"获得批准"，是指企业与职工或其他方就股份支付的协议条款和条件已达成一致，该协议获得股东大会或类似机构的批准
可行权日	指可行权条件得到满足、职工或其他方具有从企业取得权益工具或现金权利的日期。从授予日至可行权日的时段，是可行权条件得到满足的期间，称为"等待期"，又称"行权限制期"
行权日	指职工和其他方行使权利、获取现金或权益工具的日期
出售日	指股票的持有人将行使期权所取得的期权股票出售的日期

提示　　按照我国相关规定，用于期权激励的股份支付协议，应在行权日与出售日之间设立禁售期，其中国有控股上市公司的禁售期不得低于2年。

【要点2】不同类型股份支付的确认与计量原则（熟悉）

项目		内容
以权益结算的股份支付	概念	指企业为获取服务而以股份或其他权益工具作为对价进行结算的交易。最常用的工具有限制性股票和股票期权
	换取职工服务	应按照权益工具在授予日的公允价值，将当期取得的服务计入相关资产成本或当期费用，同时计入资本公积中的其他资本公积
	换取其他方服务	优先采用其他方提供服务在取得日的公允价值，若不能可靠计量，但权益工具的公允价值能够可靠计量，应当按照权益工具在服务取得日的公允价值计量，根据所确定的公允价值计入相关资产成本或费用
	无权益工具公允价值	以交易对方有权认购或取得的股份的公允价值，与其按照股份支付协议应当支付的价格间的差额（内在价值）计量该权益工具，内在价值的变动计入当期损益

续表

项目		内容
以现金结算的股份支付	概念	指企业为获取服务而承担的以股份或其他权益工具为基础计算的交付现金或其他资产的义务的交易。最常用的工具有模拟股票和现金股票增值权
	当期取得的服务（等待期内的每个资产负债表日）	按照企业承担负债的公允价值，计入相关资产成本或费用，同时计入负债，并在结算前的每个资产负债表日和结算日对负债的公允价值重新计量，将其变动计入当期损益
	授予后立即可行权（授予日）	

【要点3】以权益结算股份支付的会计处理（掌握）

项目	内　容
授予日	除了立即可行权的股份支付外，企业在授予日不作会计处理
等待期内每个资产负债表日	当期确认的成本费用=预计可行权权益工具数量×授予日权益工具公允价值×已过等待期/等待期 – 以前期间累计已确认的成本费用 借：管理费用等 　　贷：资本公积——其他资本公积
可行权日之后	不再调整已确认的成本费用和资本公积
行权日	（1）发行新股授予激励对象： 借：银行存款（收到的股票价款） 　　资本公积——其他资本公积（等待期内资本公积的余额） 　　贷：股本（付给职工的股份面值） 　　　　资本公积——股本溢价

续表

项目	内　　容
行权日	（2）回购股份授予激励对象： 借：库存股 　　贷：银行存款（实际支付的回购款） 借：银行存款（收到的股票价款） 　　资本公积——其他资本公积（等待期内资本公积的余额） 　　贷：库存股（支付给职工的库存股成本） 　　　　资本公积——股本溢价（倒挤差额）

【要点4】以现金结算股份支付的会计处理（掌握）

项目	内　容
授予日	除了立即可行权的股份支付外，企业在授予日不作会计处理
等待期内每个资产负债表日	当期确认的成本费用=预计可行权金融工具数量×每个资产负债表日金融工具公允价值×已过等待期/等待期 – 以前期间累计已确认的成本费用 借：管理费用等 　　贷：应付职工薪酬 在可行权日至行权日期间每期计入损益的金额=应付职工薪酬期末余额 + 当期支付的职工薪酬 – 应付职工薪酬期初余额
可行权日之后	负债公允价值的变动： 借：公允价值变动损益 　　贷：应付职工薪酬 或作相反会计分录

续表

项目	内 容
行权日	借：应付职工薪酬 　　贷：银行存款 借：公允价值变动损益 　　贷：应付职工薪酬 或作相反会计分录

○ 学习心得 --

【要点5】集团内股份支付的会计处理（掌握）

项目	内　容	
情况	结算企业（母公司）以其本身权益工具结算，接受服务企业（子公司）没有结算义务	结算企业（母公司）不是以其本身权益工具结算，接受服务企业（子公司）没有结算义务
结算企业	借：长期股权投资 　　贷：资本公积	借：长期股权投资 　　贷：应付职工薪酬
接受服务企业	借：管理费用 　　贷：资本公积	借：管理费用 　　贷：资本公积
合并报表	借：资本公积 　　贷：长期股权投资	借：资本公积 　　管理费用等（差额，或贷记） 　　贷：长期股权投资 或者： 借：应付职工薪酬 　　贷：长期股权投资

第十一章 借款费用

☞ 掌握借款费用的范围
☞ 掌握借款费用资本化期间的确定
☞ 掌握借款利息资本化金额的确定
☞ 熟悉借款费用应予资本化的借款范围
☞ 熟悉借款辅助费用资本化金额的确定
☞ 熟悉外币专门借款汇兑差额资本化金额的确定

【要点1】借款费用的范围和确认原则（掌握）

范围	内容	确认基本原则	应予资本化范围
借款利息	银行或者金融机构借款利息、发行公司债券的利息，以及为购建或者生产符合资本化条件的资产而发生的带息债务所承担的利息等	企业发生的借款费用可直接归属于符合资本化条件的资产购建或者生产的，应当予以资本化，计入相关资产成本；其他借款费用应当确认为费用，计入当期损益。 符合资本化条件的资产，是指需要经过相当长时间（一年或一年以上）的购建或者生产活动才能达到预定可使用或者可销售状态的固定资产、投资性房地产和存货等资产	范围：专门借款和一般借款。 对于一般借款，只有在购建或者生产某项符合资本化条件的资产占用了一般借款时，才应将与该部分一般借款相关的借款费用资本化；否则，所发生的借款费用应当计入当期损益
折价或者溢价的摊销	发行债券等发生的折价或者溢价		
辅助费用	借款过程中发生的手续费、佣金等费用（权益性融资费用除外）		
因外币借款而发生的汇兑差额	汇率变动导致市场汇率与账面汇率出现差异，产生的汇兑差额		

【要点2】借款费用资本化期间的确定（掌握）

项目	内　容
定义	借款费用资本化期间是指从借款费用开始资本化时点到停止资本化时点的期间，**不包括借款费用暂停资本化的期间**
开始资本化的时点	**同时**满足以下三个条件： （1）资产支出已经发生。资产支出包括以支付现金、转移非现金资产和承担带息债务形式所发生的支出。 （2）借款费用已经发生。 （3）为使资产达到预定可使用或者可销售状态所必要的购建或者生产活动已经开始
暂停资本化的时间	符合资本化条件的资产在购建或生产过程中发生非正常中断且中断时间**连续超过3个月**。 **【提示】**中断分为正常中断和非正常中断，属于正常中断的，相关借款费用仍可资本化。非正常中断是由于企业管理决策上的原因或其他不可预见的原因等导致的中断

续表

项目	内 容
停止资本化的时点	资产达到预定可使用或者可销售状态时，借款费用应当停止资本化；之后发生的借款费用，应当确认财务费用，计入当期损益
	所购建或者生产的符合资本化条件的资产达到预定可使用或者可销售状态的时点，具体可从以下几个方面进行判断： (1) 符合资本化条件的资产的实体建造（包括安装）或者生产活动已经全部完成或者实质上已经完成。 (2) 所购建或者生产的符合资本化条件的资产与设计要求、合同规定或者生产要求相符或者基本相符，即使有极个别与设计、合同或者生产要求不相符的地方，也不影响其正常使用或者销售。 (3) 继续发生在所购建或生产的符合资本化条件的资产上的支出金额很少或者几乎不再发生
	购建或者生产符合资本化条件的资产需要试生产或者试运行的，在试生产结果表明资产能够正常生产出合格产品，或者试运行结果表明资产能够正常运转或者营业时，应当认为该资产已经达到预定可使用或者可销售状态。

续表

项目	内　容
停止资本化的时点	资产的各部分分别完工的，每部分在其他部分继续建造或者生产过程中可供使用或者可对外销售，且购建或者生产活动实质上已经完成的，应当停止与该部分资产相关的借款费用的资本化；必须等到整体完工的，不能停止资本化

学习心得

【要点3】借款利息资本化金额的确定（掌握）

项目		内　　容
利息费用	专门借款	资本化金额 = 专门借款当期实际发生的利息费用 – 尚未动用的借款资金存入银行取得的利息收入或进行暂时性投资取得的投资收益
	一般借款	资本化金额 = 累计资产支出超过专门借款部分的资产支出加权平均数 × 所占用一般借款的资本化率 所占用一般借款的资本化率 = 所占用一般借款当期实际发生的利息之和 ÷ 所占用一般借款本金加权平均数
折溢价		按照实际利率法确定每一会计期间应摊销的折价或者溢价金额，调整每期利息费用金额
辅助费用		在购建或生产的符合资本化条件的资产达到预定可使用或可销售状态之前发生的予以资本化，之后发生的费用化

续表

项目	内　容
外币专门借款汇兑差额	资本化期间的资本化；其他外币借款产生的汇兑差额费用化

 提示　　每一会计期间的利息资本化金额不应当超过当期相关借款实际发生的利息金额。

学习心得 --

第十二章 或有事项

☞ 掌握或有事项的确认

☞ 掌握预计负债的计量

☞ 掌握未决诉讼、未决仲裁和产品质量保证形成的或有事项的处理

☞ 熟悉或有事项的定义及其特征

☞ 熟悉或有负债和或有资产的概念

☞ 熟悉资产负债表日对预计负债账面价值的复核及列报

☞ 熟悉亏损合同形成的或有事项的处理

【要点1】或有事项概述（熟悉）

项目		内　　容
或有事项	概念	指过去的交易或者事项形成的，其结果须由某些未来事项的发生或不发生才能决定的不确定事项
	特征	（1）由过去的交易或者事项形成的； （2）结果具有不确定性； （3）结果须由未来事项决定
	常见事项	未决诉讼或未决仲裁、债务担保、产品质量保证、亏损合同、重组义务、承诺、环境污染整治等
或有负债		指过去的交易或者事项形成的潜在义务，其存在须通过未来不确定事项的发生或不发生予以证实；或过去的交易或者事项形成的现时义务，履行该义务不是很可能导致经济利益流出企业或该义务的金额不能可靠计量。 【提示】或有负债无论是潜在义务，还是现时义务均不符合负债的确认条件，因而不能在会计报表内予以确认。但是，除非或有负债极小可能导致经济利益流出企业，否则企业应当在附注中披露有关信息

续表

项目	内　　容
或有资产	指过去的交易或者事项形成的潜在资产，其存在须通过未来不确定事项的发生或不发生予以证实。 【提示】或有资产不符合资产的确认条件，因而不能在会计报表内予以确认。企业通常不应当披露或有资产，但或有资产很可能会给企业带来经济利益的，应当披露其形成的原因、预计产生的财务影响等
或有负债和或有资产转化为预计负债和资产	企业应当对或有负债相关义务进行评估，分析判断其是否符合负债确认条件；如符合负债确认条件，应将其确认为预计负债。 企业应当对或有资产相关权利进行评估，分析判断其是否符合资产的确认条件；如符合资产确认条件，应将其确认为资产

【要点2】或有事项的确认和计量（掌握）

确认和计量			内　容
确认为预计负债条件（同时满足）			（1）该义务是企业承担的现时义务。 （2）履行该义务很可能导致经济利益流出企业。 【提示】很可能：50% < 可能性≤95%。 （3）该义务的金额能够可靠地计量
计量	预计负债的计量	最佳估计数	等概率连续区间：取中间值。 不存在等概率连续区间，涉及单个项目：最可能发生金额。 不存在等概率连续区间，涉及多个项目：各种可能结果及相关概率加权计算
	考虑因素		（1）风险和不确定性；（2）货币时间价值；（3）未来事项
	预期可获得补偿		基本确定能够收到时，作为其他应收款单独确认，而不能作为预计负债金额的扣减，确认的金额不能超过相关预计负债的账面价值。 【提示】（1）预期可获得补偿的确认前提是或有事项确认了预计负债。 （2）基本确定：95% < 可能性 <100%

【要点3】或有事项会计处理原则的应用（掌握）

或有事项	会计处理	
（1）未决诉讼或未决仲裁	借：营业外支出（罚款和违约金、债务担保等） 　　管理费用（诉讼费等） 　　主营业务成本（产品质量保证费用） 　贷：预计负债	
（2）债务担保		
（3）产品质量保证		
（4）亏损合同	与亏损合同相关的义务不需支付任何补偿即可撤销不应确认预计负债；如果与亏损合同相关的义务不可撤销，同时满足预计负债确认条件的，应当确认预计负债	借：主营业务成本 　贷：预计负债
	亏损合同存在标的资产的，应当对标的资产进行减值测试并按规定确认减值损失，通常不需确认预计负债。 注：如果预计亏损超过该减值损失，应将超过部分确认为预计负债	借：资产减值损失 　贷：存货跌价准备

续表

或有事项	会计处理	
（4）亏损合同	合同不存在标的资产的，亏损合同相关义务满足预计负债确认条件时，应当确认预计负债	借：主营业务成本 贷：预计负债
（5）重组义务	属于重组的事项	①出售或终止企业的部分业务； ②对企业的组织结构进行较大调整； ③关闭企业的部分营业场所，或将营业活动由一个国家或地区迁移到其他国家或地区
	表明企业承担了重组义务的情况	①有详细、正式的重组计划，包括重组涉及的业务、主要地点、需要补偿的职工人数、预计重组支出、计划实施时间等； ②该重组计划已对外公告，重组计划已经开始实施，或已向受其影响的各方通告了该计划的主要内容

续表

或有事项		会计处理
(5) 重组义务	重组义务的计量	①企业应当按照与重组有关的直接支出确定预计负债金额，计入当期损益。直接支出不包括留用职工岗前培训、市场推广、新系统和营销网络投入等支出； ②在计量与重组义务相关的预计负债时，不应当考虑处置相关资产（厂房、店面，有时是一个事业部整体）可能形成的利得或损失，即使资产的出售构成重组的一部分

提示　（1）对产品质量保证确认预计负债时，需要注意：①如果产品质量保证的实际发生额与预计数相差较大，应及时对预计比例进行调整；②如果企业针对特定批次产品确认预计负债，则在保修期结束时，应将"预计负债——产品质量保证"余额冲销，不留余额，同时冲销主营业务成本；③已对其确认

预计负债的产品，如企业不再生产了，则应在相应的产品质量保修期满后，将"预计负债——产品质量保证"余额冲销，不留余额，同时冲销主营业务成本。

（2）预计负债的金额应是执行合同发生的损失和撤销合同发生的损失两者的较低者，即应该按照退出该项合同的最低净成本计量。

⚙ 学习心得 ⋯⋯⋯⋯⋯⋯⋯⋯⋯⋯⋯⋯⋯⋯⋯⋯⋯⋯⋯⋯⋯⋯⋯⋯⋯⋯⋯

第十三章　收　入

☞ 掌握收入的定义及其范围、收入确认和计量的原则

☞ 掌握识别合同中单项履约义务

☞ 掌握交易价格的确定及分摊

☞ 掌握在某一时段内履行的履约义务的收入确认

☞ 掌握在某一时点履行的履约义务的收入确认

☞ 掌握确定交易价格

☞ 掌握将交易价格分摊至各单项履约义务

☞ 掌握合同成本的会计处理

☞ 掌握附有销售退回条款的销售、附有质量保证条款的销售、主要责任人和
　代理人、附有客户额外购买选择权的销售、授予知识产权许可、售后回购、
　客户未行使的权利、无需退回的初始费等特定交易的会计处理

☞ 熟悉识别与客户订立的合同

【要点1】收入概述（掌握）

项目	内　容
概念	是指企业在日常活动中形成的、会导致所有者权益增加的、与所有者投入资本无关的经济利益的总流入
确认的原则	企业应当在履行了合同中的履约义务，即在客户取得相关商品控制权时确认收入。 取得商品控制权应同时包括三个要素：（1）能力；（2）主导该商品的使用；（3）能够获得几乎全部的经济利益

学习心得 ....

....

....

【要点2】收入的确认和计量步骤（掌握）

步骤	内容	确认或计量
第一步	识别与客户订立的合同	确认
第二步	识别合同中的单项履约义务	确认
第三步	确定交易价格	计量
第四步	将交易价格分摊至各单项履约义务	计量
第五步	履行各单项履约义务时确认收入	确认

学习心得

【要点3】识别与客户订立的合同（熟悉）

项目	内　容
合同识别 （同时 满足）	合同各方已批准该合同并承诺将履行各自义务
	该合同明确了合同各方与所转让商品相关的权利和义务
	该合同有明确的与所转让商品相关的支付条款
	该合同具有商业实质，即履行该合同将改变企业未来现金流量的风险、时间分布或金额
	企业因向客户转让商品而有权取得的对价很可能收回
	【提示】对于不符合上述五项条件的合同，企业只有在不再负有向客户转让商品的剩余义务（例如，合同已完成或取消），且已向客户收取的对价（包括全部或部分对价）无须退回时，才能将已收取的对价确认为收入；否则，应当将已收取的对价作为负债进行会计处理

续表

项目	内 容		
合同合并（满足之一）	该两份或多份合同基于同一商业目的而订立并构成"一揽子"交易，如一份合同在不考虑另一份合同对价的情况下将会发生亏损		
	该两份或多份合同中的一份合同的对价金额取决于其他合同的定价或履行情况，如一份合同如果发生违约，将会影响另一份合同的对价金额		
	该两份或多份合同中所承诺的商品（或每份合同中所承诺的部分商品）构成单项履约义务		
合同变更	情形1：合同变更部分作为单独合同	合同增加了可明确区分的商品及合同价款，且新增合同价款反映了新增商品单独售价的	应当将该合同变更部分作为一份单独的合同进行会计处理。此类合同变更不影响原合同的会计处理
	情形2：合同变更作为原合同终止及新合同订立	合同变更不属于情形1的，且在合同变更日已转让的商品与未转让的商品之间可明确区分的	应当视为原合同终止，同时，将原合同未履约部分与合同变更部分合并为新合同进行会计处理

续表

项目	内 容		
合同变更	情形 3：合同变更部分作为原合同的组成部分	合同变更不属于合同变更的第 1 种情形，且在合同变更日已转让的商品与未转让的商品之间不可明确区分的	应当将该合同变更部分作为原合同的组成部分，在合同变更日重新计算履约进度，并调整当期收入和相应成本等

学习心得

【要点4】识别合同中的单项履约义务（掌握）

项目	内　　容
概念	履约义务是指合同中企业向客户转让可明确区分商品的承诺
可明确区分商品（同时满足）	客户能够从该商品本身或者从该商品与其他易于获得的资源一起使用中受益
	企业向客户转让该商品的承诺与合同中其他承诺可单独区分，以识别企业承诺转让的是每一项商品，还是由这些商品组成的一个或多个组合产出
应作为单项履约义务的承诺	企业向客户转让可明确区分商品（或者商品或服务的组合）的承诺
	一系列实质相同且转让模式相同的、可明确区分的商品

【要点5】确定交易价格（掌握）

情形		内　容
可变对价		企业应当按照期望值或最可能发生金额确定可变对价的最佳估计数
合同中存在的重大融资成分	重大融资成本	应当按照假定客户在取得商品控制权时即以现金支付的应付金额（即现销价格）确定交易价格
	合同负债和合同资产	合同负债，是指企业已收或应收客户对价而应向客户转让商品的义务。但尚未向客户履行转让义务而已收或应收客户对价中的增值税部分，不确认为合同负债。合同资产，是指企业已向客户转让商品而有权收取对价的权利，且该权利取决于时间流逝之外的其他因素。合同资产和合同负债应当在资产负债表中单独列示。【提示】同一合同下的合同资产和合同负债应当以净额列示，不同合同下的合同资产和合同负债不能互相抵销
非现金对价		应当按照非现金对价在合同开始日的公允价值确定交易价格
应付客户对价		需要向客户或第三方支付对价的，应当将该应付对价冲减交易价格

【要点6】将交易价格分摊至各单项履约义务（掌握）

项目	方　　法
单独售价 无法直接 观察的	市场调整法、成本加成法、余值法
分摊 合同折扣	一组商品中各项商品的单独售价之和高于合同交易价格，表明客户购买该组商品取得了合同折扣	企业应将合同折扣全部分摊至合同中一项或多项（而非全部）履约义务的条件（同时满足）： (1) 企业经常将该合同中的各项可明确区分商品单独销售或者以组合的方式单独销售。 (2) 企业经常将其中部分可明确区分的商品以组合的方式按折扣价格单独销售。 (3) 归属于上述（2）中的每一组合的商品的折扣与该合同的折扣基本相同，并且对每一组合中的商品的评估为将该合同的整体折扣归属于某一项或多项履约义务提供了可观察的证据

项目		方　法
分摊 可变对价	合同中包含可变对价的,该可变对价可能与整个合同相关,也可能仅与合同中的某一特定组成部分相关	企业应将可变对价及可变对价的后续变动额全部分摊至与之相关的某项履约义务,或者构成单项履约义务的一系列可明确区分商品中的某项商品: (1) 可变对价的条款专门针对企业为履行该项履约义务或转让该项可明确区分商品所作的努力; (2) 企业在考虑了合同中的全部履约义务及支付条款后,将合同对价中的可变金额全部分摊至该项履约义务或该项可明确区分商品符合分摊交易价格的目标

【要点7】在某一时段内履行的履约义务（掌握）

项目	内 容	
条件 （满足之一）	客户在企业履约的同时即取得并消耗企业履约所带来的经济利益	
	客户能够控制企业履约过程中在建的商品	
	企业履约过程中所产出的商品具有不可替代用途，且该企业在整个合同期间内有权就累计至今已完成的履约部分收取款项	
收入确认（应当在该段时间内按照履约进度确认收入，但是，履约进度不能合理确定的除外）	产出法	是根据已转移给客户的商品对于客户的价值确定履约进度，通常可采用实际测量的完工进度、评估已实现的结果、已达到的工程进度节点、时间进度、已完工或交付的产品等产出指标
	投入法	是根据企业为履行履约义务的投入确定履约进度，通常可采用投入的材料数量、花费的人工工时或机器工时、发生的成本和时间进度等投入指标

【要点8】在某一时点履行的履约义务（掌握）

序号	判断控制权转移的迹象
1	企业就该商品享有现时收款权利，即客户就该商品负有现时付款义务
2	企业已将该商品的法定所有权转移给客户，即客户已拥有该商品的法定所有权
3	企业已将该商品实物转移给客户。 （1）委托代销安排：委托方在收到受托方的代销清单时确认收入；受托方在商品售出后，确认手续费收入。 （2）售后代管安排：除应当考虑客户是否取得该商品控制权的迹象外，还要同时满足四项条件，才表明客户取得了该商品的控制权：①该安排必须具有商业实质；②属于客户的商品必须能够单独识别；③该商品可以随时应客户要求交付给客户；④企业不能自行使用该商品或将该商品提供给其他客户
4	企业已将该商品所有权上的主要风险和报酬转移给客户
5	客户已接受该商品

提示 企业应当在客户取得相关商品控制权时点确认收入。

 学习心得

【要点9】合同履约成本（掌握）

序号	满足条件（同时）
1	该成本与一份当前或预期取得的合同直接相关
2	该成本增加了企业未来用于履行（或持续履行）履约义务的资源
3	该成本预期能够收回

提示　将其计入当期损益的支出：（1）管理费用，除非这些费用明确由客户承担。（2）非正常消耗的直接材料、直接人工和制造费用（或类似费用）。（3）与企业过去的履约活动相关的支出。（4）无法在尚未履行的与已履行（或已部分履行）的履约义务之间区分的相关支出。

【要点10】合同取得成本（掌握）

成本	内　容
合同取得成本	为取得合同发生的增量成本预期能够收回的，确认为资产。 【提示】（1）为简化实务操作，该资产摊销期限不超过一年的，可以在发生时计入当期损益。企业采用该简化处理方法的，应当对所有类似合同一致采用。 （2）企业因现有合同续约或发生合同变更需要支付的额外佣金，也属于为取得合同发生的增量成本
其他成本	企业为取得合同发生的、除预期能够收回的增量成本之外的其他支出，在发生时计入当期损益，除非这些支出明确由客户承担

【要点11】附有销售退回条款的销售（掌握）

业务	账务处理
客户取得相关商品控制权时	借：应收账款 　贷：主营业务收入【应收取的对价 – 预期将退回金额】 　　　预计负债【预期将退回金额】 　　　应交税费——应交增值税（销项税额） 借：主营业务成本【确认收入部分的成本】 　　应收退货成本【预期将退回部分的成本】 　贷：库存商品
资产负债表日重估退货率	预计退货率下降： 借：预计负债【退货率下降部分的对价】 　贷：主营业务收入 借：主营业务成本【退货率下降部分的成本】 　贷：应收退货成本 预计退货率上升则编制相反会计分录

业务	账务处理
实际发生退货	退货期满，实际退货率低于预计退货率： 借：库存商品【退货量×单价】 　　应交税费——应交增值税（销项税额）【退货量×单价×增值税税率】 　　预计负债【借贷差额】 　　贷：应收退货成本【销售成本×实际退货率】 　　　　主营业务收入 　　　　银行存款【退货款+增值税】 借：主营业务成本 　　贷：应收退货成本 实际退货率高于预计退货率，编制相反会计分录

【要点 12】 附有质量保证条款的销售（掌握）

情形	处理原则
客户能够选择单独购买质量保证	单项履约义务
客户虽然不能选择单独购买质量保证，但是，如果该质量保证在向客户保证所销售的商品符合既定标准之外提供了一项单独服务的	单项履约义务
不能作为单项履约义务的质量保证	或有事项

提示　　企业提供的质量保证同时包含作为单项履约义务的质量保证和不能作为单项履约义务的质量保证的，应当分别对其进行会计处理；无法合理区分的，应当将这两类质量保证一起作为单项履约义务进行会计处理。

【要点 13】 主要责任人和代理人（掌握）

类型	内容	处理原则
主要责任人	企业自第三方取得商品或其他资产控制权后，再转让给客户	按照其自行向客户提供商品而有权收取的对价总额确认收入
	企业能够主导第三方代表本企业向客户提供服务	
	企业自第三方取得商品控制权后，通过提供重大的服务将该商品与其他商品整合成合同约定的某组合产出转让给客户	
代理人	在特定商品转让给客户之前不控制该商品的企业	按照既定的佣金金额或比例计算的金额确认收入，或者按照已收或应收对价总额扣除应支付给提供该特定商品的第三方的价款后的净额确认收入

【要点14】附有客户额外购买选择权的销售（掌握）

业务	账务处理
该选择权向客户提供了一项重大权利	将**重大选择权与原购买商品单独区分**，作为单项履约义务，**将交易价格在所售商品和重大选择权之间分摊**： 借：银行存款 　　贷：主营业务收入［商品分摊的交易价格 = 商品的单独售价÷（商品的单独售价 + 重大选择权的单独售价）×交易价格］ 　　　　合同负债［重大选择权分摊的交易价格 = 重大选择权的单独售价÷（商品的单独售价 + 重大选择权的单独售价）×交易价格］ 客户行使重大选择权： 借：合同负债 　　贷：主营业务收入
不应被视为企业向客户提供的一项重大权利	**无须分摊交易价格**，只有客户行使选择权购买额外商品时才进行会计处理

【要点 15】授予知识产权许可（掌握）

情形	内　容
属于在某一时段履行的履约义务（同时满足）	合同要求或客户能够合理预期企业将从事对该项知识产权有重大影响的活动
	该活动对客户将产生有利或不利影响
	该活动不会导致向客户转让某项商品
属于在某一时点履行的履约义务	履行该履约义务时确认收入
基于销售或使用情况的特许权使用费	在客户后续销售或使用行为实际发生与企业履行相关履约义务二者孰晚的时点确认收入

【要点16】售后回购（掌握）

情形	处理原则
企业因存在与客户的远期安排而负有回购义务或企业享有回购权利的	回购价格低于原售价的，应当视为租赁交易进行会计处理
	回购价格不低于原售价的，应当视为融资交易进行会计处理
企业应客户要求回购商品的	客户具有行使该要求权的重大经济动因的，企业应当将回购价格与原售价进行比较，并按照回购价格是否低于原售价，将该售后回购分别作为租赁交易或融资交易进行相应的会计处理
	客户不具有行使该要求权的重大经济动因的，企业应当将该售后回购作为附有销售退回条款的销售交易进行相应的会计处理

【要点 17】客户未行使的权利和无需退回的初始费（掌握）

情形	处理原则
客户未行使权利	企业预期将有权获得与客户所放弃的合同权利相关的金额的，应当按照客户行使合同权利的模式按比例将上述金额确认为收入；否则，企业只有在客户要求其履行剩余履约义务的可能性极低时，才能将相关负债余额转为收入
无需退回初始费	该初始费与向客户转让已承诺的商品相关，且该商品构成单项履约义务的，企业应当在转让该商品时，按照分摊至该商品的交易价格确认收入
	该初始费与向客户转让已承诺的商品相关，但该商品不构成单项履约义务的，企业应当在包含该商品的单项履约义务履行时，按照分摊至该单项履约义务的交易价格确认收入
	该初始费与向客户转让已承诺的商品不相关的，该初始费应当作为未来将转让商品的预收款，在未来转让该商品时确认为收入

第十四章　政府补助

☞ 掌握政府补助的定义及其特征、分类

☞ 掌握政府补助的会计处理方法

☞ 掌握与资产相关的政府补助的会计处理

☞ 掌握与收益相关的政府补助的会计处理

☞ 熟悉综合性项目政府补助的会计处理

☞ 熟悉政府补助退回的会计处理

【要点1】政府补助的定义及其特征（掌握）

项目	内 容
定义	是指企业从政府无偿取得货币性资产或非货币性资产
主要形式	政府对企业的无偿拨款、税收返还、财政贴息，以及无偿给予非货币性资产等
特征	（1）是来源于政府的经济资源； （2）是无偿的
分类	（1）与资产相关的政府补助：指企业取得的、用于购建或以其他方式形成长期资产的政府补助； （2）与收益相关的政府补助：指除与资产相关的政府补助之外的政府补助

 提示 增值税出口退税不属于政府补助。

【要点2】政府补助的会计处理（掌握）

	方法	会计处理
总额法	**与资产相关**的政府补助	收到政府补助时： 借：银行存款 　　贷：递延收益 购建长期资产时： 借：固定资产等 　　贷：银行存款 对相关资产计提折旧或摊销时将递延收益转入损益： 借：制造费用等 　　贷：累计折旧等 借：递延收益 　　贷：其他收益或营业外收入
	与收益相关的政府补助	用于**弥补以后期间**的相关**成本费用或损失**： 借：银行存款等 　　贷：递延收益 借：递延收益 　　贷：其他收益或营业外收入

续表

	方法	会计处理
总额法	与收益相关的政府补助	用于补偿企业已经发生的相关成本费用或损失: 借:银行存款等 　　贷:其他收益或营业外收入
净额法	与资产相关的政府补助	收到政府补助时: 借:银行存款 　　贷:递延收益 购建长期资产时: 借:固定资产等 　　贷:银行存款 借:递延收益 　　贷:固定资产等 按扣减了政府补助后的资产价值对相关资产计提折旧或进行摊销: 借:制造费用等 　　贷:累计折旧等

续表

方法		会计处理
净额法	与收益相关的政府补助	用于弥补以后期间的相关成本费用或损失： 借：银行存款等 　　贷：递延收益 借：递延收益 　　贷：管理费用等 用于补偿企业已经发生的相关成本费用或损失： 借：银行存款等 　　贷：管理费用等

【要点3】综合性项目政府补助和政府补助退回的会计处理（熟悉）

项目	会计处理
综合性项目政府补助	对于同时包含与资产相关部分和与收益相关部分的政府补助，企业应当将其进行分解，区分不同部分分别进行会计处理；难以区分的，企业应当将其整体归类为与收益相关的政府补助
政府补助退回	（1）初始确认时冲减相关资产账面价值的，调整资产账面价值；（2）存在相关递延收益的，冲减相关递延收益账面余额，超出部分计入当期损益；（3）属于其他情况的，直接计入当期损益

第十五章　非货币性资产交换

☞ 掌握非货币性资产交换的定义和认定

☞ 掌握非货币性资产交换的确认和计量原则

☞ 掌握非货币性资产交换具有商业实质的判断

☞ 掌握不涉及补价情况下的非货币性资产交换的会计处理

☞ 掌握涉及补价情况下的非货币性资产交换的会计处理

☞ 熟悉涉及多项资产的非货币性资产交换的会计处理

【要点1】非货币性资产的定义及认定（掌握）

项目	内　　容
定义	企业主要以固定资产、无形资产、投资性房地产和长期股权投资等非货币性资产进行的交换。该交换不涉及或只涉及少量的货币性资产（即补价）。 【提示】这里所说的非货币性资产交换，仅包括企业之间主要以非货币性资产形式进行的互惠转让，即企业取得一项非货币性资产，必须以付出自己拥有的非货币性资产作为代价
认定条件	支付的货币性资产/换入资产公允价值（或换出资产公允价值＋支付的货币性资产）＜25%
	收到的货币性资产/换出资产公允价值（或换入资产公允价值＋收到的货币性资产）＜25%

【要点2】非货币性资产交换的确认和计量原则（掌握）

项目	内　　容
确认原则	换入资产应当在其符合资产定义并满足资产确认条件时予以确认
	换出资产应当在其满足资产终止确认条件时终止确认
计量原则（同时满足）	该项交换具有商业实质； 换入资产或换出资产的公允价值能够可靠地计量

学习心得

【要点3】非货币性资产交换具有商业实质的判断（掌握）

判断条件	（1）换入资产的未来现金流量在风险、时间分布或金额方面与换出资产显著不同。 （2）使用换入资产所产生的预计未来现金流量现值与继续使用换出资产所产生的预计未来现金流量现值不同，且其差额与换入资产和换出资产的公允价值相比是重大的
	【提示】企业应当根据实质重于形式的原则，判断非货币性资产交换是否具有商业实质。 【提示】企业如果按照上述第（1）项判断条件难以判断非货币性资产交换是否具有商业实质，可以按照第（2）项条件进行商业实质的判断

【要点4】以公允价值为基础计量的非货币性资产交换的会计处理（不涉及补价）（掌握）

项目	内　　容
处理原则	（1）对于换入资产，以换出资产的公允价值和应支付的相关税费作为换入资产的成本。如果换出资产的公允价值不能可靠计量，或换入资产的公允价值更加可靠，则以换入资产公允价值和应支付的相关税费作为投入资产成本。 （2）对于换出资产，终止确认时应将换出资产公允价值与其账面价值之间的差额计入当期损益。如果换出资产的公允价值不能可靠计量，或换入资产的公允价值更加可靠，终止确认时，将换入资产公允价值与换出资产账面价值的差额计入当期损益
会计分录	借：原材料、长期股权投资、投资性房地产、固定资产等 　　应交税费——应交增值税（进项税额） 　　贷：主营业务收入、长期股权投资、固定资产清理、投资性房地产等 　　　　应交税费——应交增值税（销项税额） 　　　　资产处置损益、投资收益等 借：主营业务成本 　　存货跌价准备等 　　贷：库存商品等

【要点5】以公允价值为基础计量的非货币性资产交换的会计处理（涉及补价）（掌握）

项目	会计处理
支付补价方	换入资产成本＝换出资产的公允价值＋支付补价的公允价值＋应支付的相关税费 计入当期损益的金额＝换出资产的公允价值－换出资产的账面价值 如果换入资产的公允价值更可靠，则： 换入资产成本＝换入资产的公允价值＋应支付的相关税费 计入当期损益的金额＝（换入资产的公允价值－支付补价的公允价值）－换出资产账面价值
收到补价方	换入资产成本＝换出资产公允价值－收取补价的公允价值＋应支付的相关税费 计入当期损益的金额＝换出资产的公允价值－换出资产的账面价值 如果换入资产的公允价值更可靠，则： 换入资产成本＝换入资产的公允价值＋应支付的相关税费 计入当期损益的金额＝（换入资产的公允价值＋收到补价的公允价值）－换出资产账面价值

【要点6】以公允价值为基础计量的非货币性资产交换的会计处理（换入多项资产或换出多项资产）（熟悉）

项目		会计处理
以换出资产公允价值为基础计量	同时换入的多项资产	按各项换入资产的公允价值的相对比例，将换出资产公允价值总额（涉及补价的，加上支付补价的公允价值或减去收到补价的公允价值）分摊至各项换入资产，以分摊额及应计入成本的相关税费作为各项换入资产成本
	同时换出的多项资产	将各项换出资产的公允价值与其账面价值之间的差额，计入当期损益
以换入资产公允价值为基础计量	同时换入的多项资产	以各项换入资产的公允价值和应计入成本的相关税费作为各项换入资产的成本
	同时换出的多项资产	按照各项换出资产的公允价值的相对比例，将换入资产的公允价值总额（涉及补价的，减去支付补价的公允价值或加上收到补价的公允价值）分摊至各项换出资产，分摊额与各项换出资产账面价值之间的差额计入当期损益

【要点7】以账面价值为基础计量的非货币性资产交换的会计处理（掌握）

情形		会计处理
不涉及补价情况	换入资产	以换出资产账面价值与应计入成本的相关税费作为换入资产成本
	换出资产	终止确认时不确认损益
涉及补价情况	支付补价方	换入资产成本＝换出资产的账面价值＋支付补价的账面价值＋应支付的相关税费
	收到补价方	换入资产成本＝换出资产的账面价值－收到补价的公允价值＋应支付的相关税费
涉及换入多项资产或换出多项资产情况	同时换入的多项资产	按照各项换入资产的公允价值的相对比例，将换出资产账面价值总额（涉及补价的，加上支付补价的账面价值或减去收到补价的公允价值）分摊至各项换入资产，加上应支付的相关税费，作为各项换入资产的成本
	同时换出的多项资产	终止确认时不确认当期损益

第十六章　债务重组

☞ 掌握债权人的会计处理

☞ 掌握债务人的会计处理

☞ 熟悉债务重组的定义和方式

☞ 熟悉债权和债务的终止确认

【要点1】债务重组的定义及方式（熟悉）

项目	内　容
定义	是指在不改变交易对手方的情况下，经债权人和债务人协定或法院裁定，就清偿债务的时间、金额或方式等重新达成协议的交易
方式	债务重组一般包括下列方式，或下列一种以上方式的组合： （1）债务人以资产清偿债务； （2）债务人将债务转为权益工具； （3）修改其他条款； （4）组合方式

提示　债务重组不强调在债务人发生财务困难的背景下进行，也不论债权人是否作出让步。也就是说，无论何种原因导致债务人未按原定条件偿还债务，也无论双方是否同意债务人以低于债务的金额偿还债务，只要债权人和债务人就债务条款重新达成协议，就符合债务重组的定义。

【要点2】债务重组中债权和债务的终止确认（熟悉）

只有在符合金融资产和金融负债终止确认条件时才能终止确认相关债权和债务，并确认债务重组相关损益，即：

（1）债权人在收取债权现金流量的合同权利终止时终止确认债权；

（2）债务人在债务的现时义务解除时终止确认债务。

提示　对于在报告期间已经开始协商，但在报告期资产负债表日后的债务重组，不属于资产负债表日后调整事项。

对于终止确认的债权，债权人应当结转已计提的减值准备中对应该债权终止确认部分的金额。

对于终止确认的分类为以公允价值计量且其变动计入其他综合收益的债权，之前计入其他综合收益的累计利得或损失应当从其他综合收益中转出，记入"投资收益"科目。

【要点3】债权人的会计处理（掌握）

	业务	会计处理
以资产清偿债务或将债务转为权益工具	受让金融资产	借：库存现金、银行存款、交易性金融资产、债权资产、其他债权投资等【公允价值】 　坏账准备 　贷：应收账款 　　　投资收益【差额，或借记】
	受让非金融资产	借：原材料、长期股权投资、投资性房地产、固定资产、生物资产、无形资产等 　坏账准备 　贷：应收账款 　　　投资收益【差额，或借记】

续表

	业务	会计处理
以资产清偿债务或将债务转为权益工具	受让多项资产	借：库存现金、银行存款、交易性金融资产、债权资产、其他债权投资等 　贷：负债类科目 借：原材料、长期股权投资、投资性房地产、固定资产、生物资产、无形资产等【按扣除金融资产外公允价值比例分配】 　坏账准备 　贷：应收账款 　　投资收益【差额，或借记】
	受让处置组	借：库存现金、银行存款、交易性金融资产、债权资产、其他债权投资等【公允价值】 　原材料、长期股权投资、投资性房地产、固定资产、生物资产、无形资产等坏账准备 　贷：应收账款 　　投资收益【差额，或借记】

续表

业务		会计处理
以资产清偿债务或将债务转为权益工具	将受让的资产或处置组划分为持有待售类别	比较假定受让的资产或处置组不划分为持有待售类别情况下的初始计量金额和公允价值减去出售费用后的净额，以两者孰低计量： 借：持有待售资产等 　　坏账准备 　　资产减值损失【差额】 　　贷：应收账款
修改其他款	导致全部债权终止确认	借：应收账款等【修改其他条款后重组债权公允价值】 　　坏账准备 　　贷：应收账款等【原账面价值】 　　　　投资收益【差额，或借记】
	未导致全部债权终止确认	债权人应根据其分类，继续以摊余成本、以公允价值计量且其变动计入其他综合收益，或者以公允价值计量且其变动计入当期损益进行后续计量

续表

业务	会计处理
组合方式	按修改后的条款，以公允价值初始计量重组债权和受让的新金融资产，按照受让的金融资产以外的各项资产在债务重组合同生效日的公允价值比例，对放弃债权在合同生效日的公允价值扣除重组债权和受让金融资产当日公允价值后的净额进行分配，并以此为基础分别确定各项资产的成本，放弃债权的公允价值与账面价值之间的差额，计入投资收益

【要点4】债务人的会计处理（掌握）

业务		会计处理
以资产清偿债务	以金融资产清偿	借：应付账款、长期借款等 　　债权投资减值准备、坏账准备等 　贷：库存现金、银行存款、交易性金融资产、债权投资、 　　　其他债权投资、其他权益工具投资等 　　　投资收益【差额，或借方】 以公允价值计量且其变动计入其他综合收益的债务工具清偿债务的，转出累计得或损失： 借：投资收益【或贷方】 　贷：其他综合收益【或贷方】 以指定为公允价值计量且其变动计入其他综合收益的非交易性权益工具投资清偿债务的，转出累计利得或损失： 借：利润分配——未分配利润【或贷方】 　贷：其他综合收益【或贷方】

续表

业务		会计处理
以资产清偿债务	以非金融资产清偿	借：应付账款、长期借款等 　　资产减值准备、存货跌价准备等 贷：固定资产、无形资产、库存商品等 　　其他收益——债务重组收益【或借方】
将债务转为权益工具		借：应付账款、长期借款等 贷：股本、资本公积等 　　投资收益【或借方】 注：因发行权益工具而支出的相关税费等，应当依次冲减资本公积、盈余公积、未分配利润等
修改其他条款	导致债务终止确认	借：应付账款、长期借款等【原债务】 贷：应付账款、长期借款【重组债务】 　　投资收益【或借方】

续表

业务		会计处理
修改其他条款	未导致债务终止确认	对于未终止确认的部分债务，应当根据其分类，继续以摊余成本、以公允价值计量且其变动计入当期损益或其他适当方法进行后续计量
组合方式		对于权益工具，应当在初始确认时按照公允价值计量，公允价值不能可靠计量的，按照所清偿债务的公允价值计量。对于修改其他条款形成的重组债务，参照"修改其他条款"确认重组债务。差额借记或贷记"其他收益"或"投资收益"科目

第十七章　所得税费用

☞ 掌握资产及负债的计税基础及暂时性差异
☞ 掌握递延所得税负债的确定与计量
☞ 掌握所得税费用的确认和计量
☞ 熟悉所得税会计核算的基本原理和程序
☞ 熟悉递延所得税资产的确认与计量

【要点1】 所得税核算的基本原理 (掌握)

项目	内 容
所得税会计及核算方法	(1) 所得税会计是研究处理会计收益和应税收益差异的会计理论和方法。 (2) 企业会计准则采用了资产负债表债务法核算所得税。企业一般应于每一资产负债表日进行所得税核算。发生特殊交易或事项时,即应确认相关的所得税影响
资产负债表债务法的原理	资产负债表债务法是从资产负债表出发,通过比对资产负债表上列示的资产、负债按照会计准则规定确定的账面价值与按照税法和相关法规规定确定的计税基础,对于两者之间的差异分别应纳税暂时性差异与可抵扣暂时性差异,确认相关的递延所得税负债与递延所得税资产,并在此基础上确定每一会计期间利润表中的所得税费用

【要点2】所得税核算的程序（掌握）

步骤	程序
1	按照会计准则规定确定资产负债表中的资产和负债项目的账面价值（递延所得税资产和递延所得税负债除外）
2	以适用的税法规定为基础，确定资产负债表中有关资产、负债项目的计税基础
3	比较资产、负债的账面价值与其计税基础，对于两者之间存在差异的，分析其性质，除会计准则中规定的特殊情况外，分别应纳税暂时性差异与可抵扣暂时性差异，确定资产负债表日递延所得税负债和递延所得税资产的应有金额，并与期初递延所得税资产和递延所得税负债的余额相比，确定当期应予进一步确认或应予转销的递延所得税资产和递延所得税负债金额，作为构成利润表中所得税费用的一个组成部分，即递延所得税
4	按照适用的税法规定计算确定当期应纳税所得额，将应纳税所得额与适用的所得税税率计算的结果确认为当期应交所得税，作为利润表中应予确认的所得税费用中的另外一个组成部分，即当期所得税

续表

步骤	程序
5	确定利润表中的所得税费用。企业在计算确定当期所得税和递延所得税后，两者之和（或之差），即为利润表中的所得税费用

学习心得 --

【要点3】资产的计税基础（掌握）

项目	初始确认	后续计量时会计处理与税收处理的差异
固定资产	取得时其账面价值一般等于计税基础	因折旧方法、折旧年限、计提固定资产减值准备产生的差异
无形资产	初始确认时其入账价值与税法规定的成本之间一般不存在差异；对于享受税收优惠的研究开发支出，其计税基础应在会计入账价值的基础上加计100%，因而产生差异，但如果该无形资产的确认不是产生于企业合并交易，同时在确认时既不影响会计利润也不影响应纳税所得额，则不确认有关暂时性差异的所得税影响	主要产生于对无形资产是否需要摊销及无形资产减值准备的计提

续表

项目	初始确认	后续计量时会计处理与税收处理的差异
以公允价值计量且其变动计入当期损益的金融资产	初始确认时其入账价值与税法规定的成本之间一般不存在差异	某一会计期末的账面价值为公允价值；税法规定持有期间公允的价值变动在计税时不予考虑
其他资产	初始确认时其入账价值与税法规定的成本之间一般不存在差异	减值准备、公允价值计量等因素

【要点4】负债的计税基础（掌握）

项目	初始确认
预计负债	（1）不能作为单项履约义务的质量保证形成的预计负债，计税基础为0。 （2）因其他事项确认的预计负债，如税法规定不允许税前扣除，即未来期间按照税法规定可予抵扣的金额为0，则其账面价值与计税基础相同
合同负债	（1）税法对于收入的确认原则一般与会计规定相同，即会计上未确认收入时，计税时一般亦不计入应纳税所得额，该部分经济利益在未来期间计税时可予税前扣除的金额为0，计税基础等于账面价值。 （2）如果不符合会计准则规定的收入确认条件，但按照税法规定应计入当期应纳税所得额时，未来期间无须纳税，有关合同负债的计税基础为0
应付职工薪酬	税法对于合理的职工薪酬基本允许税前扣除，相关应付职工薪酬负债的账面价值等于计税基础
其他负债	企业的其他负债项目，如应缴纳的罚款和滞纳金等，在尚未支付之前按照会计规定确认为费用，同时作为负债反映。税法规定，罚款和滞纳金不允许税前扣除，其计税基础为账面价值减去未来期间计税时可予税前扣除的金额0之间的差额，即计税基础等于账面价值

【要点5】暂时性差异的分类及处理（掌握）

暂时性差异	公式	含义	会计处理
应纳税暂时性差异	资产账面价值＞计税基础	意味着企业未来增加应纳税所得额和应交所得税	确认递延所得税负债
	负债账面价值＜计税基础		
可抵扣暂时性差异	资产账面价值＜计税基础	意味着企业未来减少应纳税所得额和应交所得税	确认递延所得税资产
	负债账面价值＞计税基础		

提示　（1）在企业准备长期持有的情况下，采用权益法核算的长期股权投资账面价值与计税基础之间的差异，一般不确认相关的所得税影响。

（2）暂时性差异可能不确认递延所得税；确认的递延所得税可能对应所得税费用、资本公积、其他综合收益、留存收益和商誉。

【要点6】递延所得税负债的确认和计量（掌握）

项目		具体内容
递延所得税负债的确认	原则	除会计准则中明确规定可不确认递延所得税负债的情况以外，企业对于所有的应纳税暂时性差异均应确认相关的递延所得税负债
	不确认递延所得税负债的特殊情况	（1）商誉的初始确认。 （2）除企业合并以外的其他交易或事项中，如果该项交易或事项发生时既不影响会计利润，也不影响应纳税所得额，则所产生的资产、负债的初始确认金额与其计税基础不同，形成应纳税暂时性差异的，交易或事项发生时不确认相应的递延所得税负债
递延所得税负债的计量		（1）递延所得税负债应以相关应纳税暂时性差异转回期间适用的所得税税率计量。 （2）无论应纳税暂时性差异的转回期间如何，递延所得税负债不要求折现

【要点7】递延所得税资产的确认和计量（熟悉）

项目		具体内容
递延所得税资产的确认	一般原则	资产、负债的账面价值与其计税基础不同产生可抵扣暂时性差异的，在估计未来期间能够取得足够的应纳税所得额用以利用该可抵扣暂时性差异时，应当以很可能取得用来抵扣可抵扣暂时性差异的应纳税所得额为限，确认相关的递延所得税资产
	不确认递延所得税资产的特殊情况	某些情况下，如果企业发生的某项交易或事项不是企业合并，并且交易发生时既不影响会计利润也不影响应纳税所得额，且该项交易中产生的资产、负债的初始确认金额与其计税基础不同，产生可抵扣暂时性差异的，会计准则规定在交易或事项发生时不确认相关的递延所得税资产

续表

项目	具体内容
递延所得税资产的计量	（1）确认递延所得税资产时，应估计相关可抵扣暂时性差异的转回时间，采用转回期间适用的所得税税率为基础计算确定。 （2）无论相关的可抵扣暂时性差异转回期间如何，递延所得税资产均不予折现

✿ 学习心得 ....

....

....

....

....

....

【要点8】特定交易或事项涉及递延所得税的确认（熟悉）

事项	对应
会计政策变更或前期差错更正产生的暂时性差异	留存收益
以公允价值计量且其变动计入其他综合收益的金融资产的公允价值变动	其他综合收益
自用房地产转为以公允价值模式计量的投资性房地产	其他综合收益

学习心得

【要点9】所得税费用的确认和计量（掌握）

项目		内　　容
所得税费用的组成		按照资产负债表债务法进行核算的情况下，利润表中的所得税费用由两个部分组成：当期所得税和递延所得税
当期所得税	概念	当期所得税是指企业按照税法规定计算确定的针对当期发生的交易和事项，应缴纳给税务机关的所得税金额，即应交所得税
	公式	应纳税所得额 = 会计利润 + 纳税调整增加额 − 纳税调整减少额 + 境外应税所得弥补境内亏损 − 弥补以前年度亏损 当期所得税 = 当期应交所得税 = 应纳税所得额 × 适用税率 − 减免税额 − 抵免税额
递延所得税	概念	递延所得税是指按照会计准则规定应予确认的递延所得税资产和递延所得税负债在会计期末应有的金额相对于原已确认金额之间的差额，即递延所得税资产和递延所得税负债的当期发生额，但不包括计入所有者权益的交易或事项的所得税影响

续表

项目		内　容
递延所得税	公式	递延所得税＝当期递延所得税负债的增加＋当期递延所得税资产的减少－当期递延所得税负债的减少－当期递延所得税资产的增加
所得税费用的计算与列报	概念	利润表中应予确认的所得税费用为当期所得税及递延所得税之和
	公式	所得税费用＝当期所得税＋递延所得税

提示　　值得注意的是，如果某项交易或事项按照会计准则规定应计入所有者权益，由该交易或事项产生的递延所得税资产或递延所得税负债及其变化也应计入所有者权益，不构成利润表中的递延所得税费用（或收益）。

【要点10】合并财务报表中因抵销未实现内部销售损益产生的递延所得税
（熟悉）

项目	内　　容
处理	企业在编制合并财务报表时，因抵销未实现内部销售损益导致合并资产负债表中资产、负债的账面价值与其在纳入合并范围的企业按照适用税法规定确定的计税基础之间产生暂时性差异的，在合并资产负债表中应当确认递延所得税资产或递延所得税负债，同时调整合并利润表中的所得税费用，但与直接计入所有者权益的交易或事项及企业合并相关的递延所得税除外
步骤	（1）确认合并报表中递延所得税余额；（2）确认个别报表中已确认的递延所得税余额；（3）计算抵销分录产生的递延所得税

提示

　　本要点难度较大，需要结合财务报告合并财务报表的有关内容学习体会，建议不作深入研究，待全部内容学习吸收后，结合实际考题研究理解。

第十八章　外币折算

☞ 掌握记账本位币的确定

☞ 掌握外币交易发生日的会计处理

☞ 掌握资产负债表日或结算日外币交易的会计处理

☞ 掌握境外经营记账本位币的确定

☞ 熟悉外币财务报表的折算

【要点1】记账本位币的确定（掌握）

项目	内　容
定义	记账本位币是指企业经营所处的主要经济环境中的货币
确定原则	（1）会计核算以人民币为记账本位币； （2）业务收支以人民币以外的货币为主的单位，可以选定其中一种货币作为记账本位币，但是编报的财务会计报告应当折算为人民币
考虑因素	（1）该货币主要影响商品和劳务的销售价格，通常以该货币进行商品和劳务的计价和结算； （2）该货币主要影响商品和劳务所需人工、材料和其他费用，通常以该货币进行上述费用的计价和结算； （3）融资活动获得的货币以及保存从经营活动中收取款项所使用的货币

境外经营记账本位币的确定	境外经营的情形	一是指企业在境外的子公司、合营企业、联营企业、分支机构；二是指企业在境内的子公司、合营企业、联营企业、分支机构，采用不同于本企业记账本位币的，也视同境外经营

续表

项目		内　容
境外经营记账本位币的确定	考虑因素	除考虑上述的因素外，还应当考虑下列因素： (1) 境外经营对其所从事的活动是否拥有很强的自主性； (2) 境外经营活动中与企业的交易是否在境外经营活动中占有较大比重； (3) 境外经营活动产生的现金流量是否直接影响企业的现金流量、是否可以随时汇回； (4) 境外经营活动产生的现金流量是否足以偿还其现有债务和可预期的债务
记账本位币变更		(1) 企业记账本位币一经确定，不得随意变更（除非与确定记账本位币相关的企业经营所处的主要经济环境发生重大变化）。 (2) 变更记账本位币，企业应当采用变更当日即期汇率将所有项目折算为变更后的记账本位币，折算后的金额作为以新的记账本位币计量的历史成本；其比较财务报表应当以可比当日的即期汇率折算所有资产负债表和利润表项目

【要点2】外币交易发生日的会计处理（掌握）

项目	内　　容
一般业务	（1）外币交易在初始确认时，通常应当采用交易日即期汇率进行折算； （2）汇率变动不大的，也可以采用即期汇率的近似汇率进行折算（收到投资者以外币投入的资本除外）； （3）折算后的记账本位币金额登记有关记账本位币账户，同时，按照外币金额登记相应的外币账户
外币投入资本业务（实收资本）	企业收到投资者以外币投入的资本，应当采用交易发生日即期汇率折算，而不得采用合同约定汇率和即期汇率的近似汇率折算。 外币投入资本与相应的货币性项目的记账本位币金额之间不产生外币资本折算差额（汇兑金额）

（1）即期汇率一般指中国人民银行公布的当日人民币汇率的中间价。

（2）在企业发生单纯的货币兑换交易或涉及货币兑换的交易事项时，应当按照交易实际采用的汇率（即银行买入价或卖出价）折算。

（3）即期汇率的近似汇率是指按照系统合理的方法确定的、与交易发生日即期汇率近似的汇率，通常采用当期平均汇率或加权平均汇率等。

学习心得

【要点3】资产负债表日或结算日外币交易的会计处理（掌握）

项目	内　容
外币货币性项目	资产负债表日或结算货币性项目时，企业应当采用资产负债表日或结算当日即期汇率折算外币货币性项目，因当日即期汇率与初始确认时或者前一资产负债表日即期汇率不同而产生的汇兑差额，作为财务费用处理，同时调增或调减外币货币性项目的记账本位币金额。如： 借：应收账款等 　　贷：财务费用 或作相反会计分录
外币非货币性项目	以历史成本计量的外币非货币性项目，已在交易发生日按当日即期汇率折算，资产负债表日不改变其记账本位币金额，不产生汇兑差额，即不需要进行调整

续表

项目	内　　容
外币非货币性项目	采用成本与可变现净值孰低计量的存货，先将可变现净值按资产负债表日即期汇率折算为记账本位币，再与以记账本位币反映的存货成本比较，从而确定该项存货的期末价值。 汇率变动产生的存货跌价： 借：资产减值损失 　　贷：存货跌价准备 以公允价值计量的外币非货币性项目，应当先将该外币金额按照公允价值确定当日的即期汇率折算为记账本位币金额，再与原记账本位币金额进行比较。折算后的记账本位币金额与原记账本位币金额之间的差额： (1) 属于以公允价值计量且其变动计入当期损益的金融资产（股票、基金）的，差额应计入当期损益。如： 借：公允价值变动损益 　　贷：交易性金融资产 或作相反会计分录

续表

项目	内　　容
外币非货币性项目	（2）指定为以公允价值计量且其变动计入其他综合收益的非交易性权益工具投资的，差额应计入其他综合收益。如： 借：其他权益工具投资 　　贷：其他综合收益 或作相反会计分录

⚙ 学习心得 --

【要点4】境外经营财务报表折算的一般原则（熟悉）

项目	折算原则
资产负债表中的资产和负债项目	采用资产负债表日的即期汇率折算
资产负债表中的所有者权益项目	除"未分配利润"项目外，其他项目采用发生时的即期汇率折算
利润表中的收入和费用项目	采用交易发生日的即期汇率折算；也可以采用按照系统合理的方法确定的、与交易发生日即期汇率近似的汇率折算
外币财务报表折算差额	在资产负债表中所有者权益项目下"其他综合收益"项目列示

【要点5】包含境外经营的合并财务报表编制的特别处理　（掌握）

项目	内　　容
企业境外经营为其子公司的情况	对于境外经营财务报表折算差额，需要在母公司与子公司少数股东之间按照各自在境外经营所有者权益中所享有的份额进行分摊。其中：归属于母公司应分担的部分在合并资产负债和合并所有者权益变动表中所有者权益项目下"其他综合收益"项目列示，属于子公司少数股东应分担的部分应并入"少数股东权益"项目列示
企业存在实质上构成对子公司（境外经营）净投资的外币货币性项目的情况	实质上构成对子公司净投资的外币货币性项目以母公司或子公司的记账本位币反映（只有一个汇兑差额），则应在抵销长期应收应付项目的同时，将其产生的汇兑差额转入"其他综合收益"项目。 借：其他综合收益 　　贷：财务费用 或作相反会计分录

续表

项目	内　容
企业存在实质上构成对子公司（境外经营）净投资的外币货币性项目的情况	实质上构成对子公司净投资的外币货币性项目以母、子公司的记账本位币以外的货币反映，则应将母、子公司此项外币货币性项目产生的汇兑差额相互抵销，差额转入"其他综合收益"项目。 借：其他综合收益 　　贷：财务费用 或作相反会计分录

提示　如果合并财务报表中各子公司之间也存在实质上构成对另一子公司（境外经营）净投资的外币货币性项目，在编制合并财务报表时应比照上述原则编制相应的抵销分录。

【要点6】境外经营处置的会计处理（熟悉）

序号	要　点
1	企业在处置境外经营时，应当将资产负债表中所有者权益项目下列示的、与该境外经营相关的外币财务报表折算差额，自所有者权益项目（其他综合收益）转入处置当期损益
2	部分处置境外经营的，应当按处置的比例计算处置部分的外币财务报表折算差额（其他综合收益），转入处置当期损益

学习心得

第十九章　租　　赁

☞ 掌握租赁的识别和租赁期
☞ 掌握租赁期的确定
☞ 掌握承租人的会计处理（初始计量、后续计量、短期租赁和低价值租赁）
☞ 熟悉承租人关于租赁变更的会计处理
☞ 掌握出租人的会计处理（租赁分类、经营租赁的会计处理、融资租赁的会计处理）
☞ 熟悉生产商或经销商出租人的融资租赁、售后租回等特殊租赁业务的会计处理

【要点1】租赁的识别（掌握）

项目	内 容
租赁要素	一是存在一定期间（"一定期间"也可以表述为已识别资产的使用量，如某项设备的产出量）； 二是存在已识别资产； 三是资产供应方向客户转移对已识别资产使用权的控制（见本章【要点2】）
已识别资产	已识别资产通常由合同明确指定，也可以在资产可供客户使用时隐性指定。 【注意】（1）供应方的实质性替换权。如果资产的供应方在该资产的使用期间内拥有对该资产的实质性替换权，那么，客户就不拥有该资产的使用权。如果企业难以确定供应方是否拥有对该资产的实质性替换权，则应视其为不具有实质性替换权。 （2）可用功能的区分。一般而言，如果某一项资产的某一部分可用功能能够在物理形态上与该资产的全部可用功能区分开来，那么，就可以将该部分资产单独列为已识别资产

【要点2】客户是否控制已识别资产使用权的判断（掌握）

项目	内容
客户是否有权获得因使用资产所产生的几乎全部经济利益	（1）企业应当在约定的客户权利范围内考虑其所产生的经济利益（如特定里程范围内驾驶汽车）； （2）客户可以通过多种方式直接或间接获得使用资产所产生的经济利益（如通过使用、持有或转租资产）； （3）如果合同规定客户应向资产供应方或另一方支付因使用资产所产生的部分现金流量作为对价，该现金流量仍应视为客户因使用资产而获得的经济利益的一部分
客户是否有权主导资产的使用	存在下列情形之一的，可视为客户有权主导对已识别资产在整个使用期间的使用： （1）客户有权在整个使用期间主导已识别资产的使用目的和使用方式； （2）已识别资产的使用目的和使用方式在使用期间前预先确定，并且客户有权在整个使用期间自行或主导他人按照其确定的方式运营该资产，或者客户设计了已识别资产（或资产的特定方面）并在设计时已预先确定了该资产在整个使用期间的使用目的和使用方式

【要点 3】租赁期（掌握）

项目	内 容
使用权资产	是指承租人可在租赁期内使用租赁资产的权利
租赁期	是指承租人有权使用租赁资产且不可撤销的期间。 【提示】（1）承租人有续租选择权（即有权选择续租该资产）且合理确定将行使该选择权的，租赁期还应当包含续租选择权涵盖的期间。 （2）承租人有终止租赁选择权（即有权选择终止租赁该资产）但合理确定将不会行使该选择权的，租赁期应当包含该终止租赁选择权所涵盖的期间
租赁期开始日	是指出租人提供租赁资产使其可供承租人使用的起始日期。 【注意】如果承租人在租赁协议约定的起租日或租金起付日之前已获得对租赁资产使用权的控制，则表明租赁期已经开始。租赁协议中对起租日或租金支付时间的约定，并不影响租赁期开始日的判断

续表

项目	内容
不可撤销期间	在确定一项租赁的租赁期和评估其不可撤销期间时，企业应根据租赁条款的约定确定可强制执行合同的期间。 【提示】(1) 当承租人和出租人双方均有权在未经另一方许可的情况下终止租赁且罚款金额不重大时，该租赁不再可强制执行。 (2) 如果只有承租人有权终止租赁，则在确定租赁期时，企业应将该项权利视为承租人可行使的终止租赁选择权予以考虑。 (3) 如果只有出租人有权终止租赁，则该租赁的不可撤销期间包括终止租赁选择权所涵盖的期间
续租选择权和终止租赁选择权	在租赁期开始日，企业应当评估承租人是否合理确定将行使续租或购买标的资产的选择权，或者将不行使终止租赁选择权。需考虑的因素包括但不限于以下方面： (1) 与市价相比，选择权期间的合同条款和条件。 (2) 在合同期内承租人进行或预期进行重大租赁资产改良的，在可行使续租选择权、终止租赁选择权或者购买租赁资产选择权时，预期能为承租人带来的重大经济利益。 (3) 与终止租赁相关的成本。 (4) 租赁资产对承租人运营的重要程度。

续表

项目	内　　容
续租选择权和终止租赁选择权	(5) 与行使选择权相关的条件及满足相关条件的可能性。 【注意】除此之外，还包括不可撤销期间的长短，以往是否曾经使用过特定类型的租赁资产或自有资产，以及与租赁的其他条款相结合（如最低或固定现金保证金、转租赁等）等情况
对租赁期和购买选择权的重新评估	发生承租人可控范围内的重大事件或变化，且影响承租人是否合理确定将行使相应选择权的，承租人应当修改租赁期。这些重大事件或变化包括但不限于下列情形： (1) 在租赁期开始日未预计到的重大租赁资产改良，在可行使续租选择权、终止租赁选择权或购买选择权时，预期将为承租人带来重大经济利益。 (2) 在租赁期开始日未预计到的租赁资产的重大改动或定制化调整。 (3) 承租人作出的与行使或不行使选择权直接相关的经营决策。 【注意】如果不可撤销的租赁期间发生变化，企业应当修改租赁期

【要点4】承租人的会计处理（掌握）

说明	会计处理
在租赁期开始日，承租人应当对租赁确认使用权资产和租赁负债（按照租赁准则的规定应用短期租赁和低价值资产组租赁简化处理的除外）	借：使用权资产 〔 租赁负债的初始计量金额 在租赁期开始日或之前支付的租赁付款额 初始直接费用 为拆卸或移除租赁资产、复原租赁资产所在场地或将租赁资产恢复至租赁条款约定状态预计发生的成本 贷：租赁负债 ← 尚未支付的租赁付款额的现值 〔 固定付款额及实质固定付款额 可变租赁付款额 购买选择权的行权价格 行使终止租赁选择权需支付的款项 根据担保余值而预计应支付的款项 银行存款（在租赁期开始日或之前支付的租赁付款额初始直接费用） 预计负债（预计拆卸或移除租赁资产、复原所在场地或将其恢复至租赁条款约定状态预计发生的成本）

【要点5】租赁负债的初始计量——租赁付款额（承租人）（掌握）

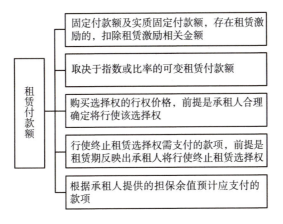

租赁付款额

- 固定付款额及实质固定付款额，存在租赁激励的，扣除租赁激励相关金额
- 取决于指数或比率的可变租赁付款额
- 购买选择权的行权价格，前提是承租人合理确定将行使该选择权
- 行使终止租赁选择权需支付的款项，前提是租赁期反映出承租人将行使终止租赁选择权
- 根据承租人提供的担保余值预计应支付的款项

【要点6】租赁负债的初始计量——折现率（承租人）（掌握）

折现率	定义	内容
租赁内含利率	是指使出租人的租赁收款额的现值与未担保余值的现值之和等于租赁资产公允价值与出租人的初始直接费用之和的利率	未担保余值，是指租赁资产余值中，出租人无法保证能够实现或仅由与出租人有关的一方予以担保的部分。初始直接费用，是指为达成租赁所发生的增量成本。增量成本是指若企业不取得该租赁，则不会发生的成本，如佣金、印花税等
增量借款利率	是指承租人在类似经济环境下为获得与使用权资产价值接近的资产，在类似期间以类似抵押条件借入资金须支付的利率	该利率与下列事项相关： （1）承租人自身情况，即承租人的偿债能力和信用状况； （2）"借款"的期限，即租赁期； （3）"借入"资金的金额，即租赁负债的金额； （4）"抵押条件"，即租赁资产的性质和质量； （5）经济环境，包括承租人所处的司法管辖区、计价货币、合同签订时间等

【要点7】使用权资产的初始计量（承租人）（掌握）

使用权资产的成本
- 租赁负债的初始计量金额
- 在租赁期开始日或之前支付的租赁付款额，存在租赁激励的，应扣除已享受的租赁激励相关金额
- 承租人发生的初始直接费用
- 承租人为拆卸及移除租赁资产、复原租赁资产所在场地或将租赁资产恢复至租赁条款约定状态预计将发生的成本

【要点8】租赁负债的后续计量（承租人）（掌握）

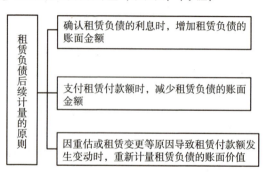

租赁负债后续计量的原则

确认租赁负债的利息时，增加租赁负债的账面金额

支付租赁付款额时，减少租赁负债的账面金额

因重估或租赁变更等原因导致租赁付款额发生变动时，重新计量租赁负债的账面价值

【要点9】租赁负债的重新计量（承租人）（掌握）

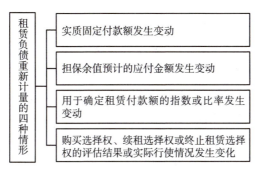

租赁负债重新计量的四种情形

- 实质固定付款额发生变动
- 担保余值预计的应付金额发生变动
- 用于确定租赁付款额的指数或比率发生变动
- 购买选择权、续租选择权或终止租赁选择权的评估结果或实际行使情况发生变化

【要点 10】使用权资产的后续计量（承租人）（掌握）

项目	内容
计量基础	在租赁期开始日后，承租人应当采用成本模式对使用权资产进行后续计量
使用权资产的折旧	（1）使用权资产通常应自租赁期开始的当月计提折旧并按直线法对使用权资产计提折旧。 （2）承租人在确定使用权资产的折旧年限时，应遵循以下原则：承租人能够合理确定租赁期届满时取得租赁资产所有权的，应当在租赁资产剩余使用寿命内计提折旧；承租人无法合理确定租赁期届满时能够取得租赁资产所有权的，应当在租赁期与租赁资产剩余使用寿命两者孰短的期间内计提折旧。如果使用权资产的剩余使用寿命短于前两者，则应在使用权资产的剩余使用寿命内计提折旧
使用权资产的减值	使用权资产发生减值的，按应减记的金额，借记"资产减值损失"科目，贷记"使用权资产减值准备"科目。使用权资产减值准备一旦计提，不得转回。承租人应当按照扣除减值损失之后的使用权资产的账面价值，计提后续折旧

【要点11】租赁变更的处理 (熟悉)

项目	内　容
租赁变更的定义	是指原合同条款之外的租赁范围、租赁对价、租赁期限的变更,包括增加或终止一项或多项租赁资产的使用权,延长或缩短合同规定的租赁期等
租赁变更作为一项单独租赁处理	租赁发生变更且同时符合下列条件的,承租人应当将该租赁变更作为一项单独租赁进行会计处理: (1) 该租赁变更通过增加一项或多项租赁资产的使用权而扩大了租赁范围或延长了租赁期限; (2) 增加的对价与租赁范围扩大部分或租赁期限延长部分的单独价格按该合同情况调整后的金额相当
租赁变更未作为一项单独租赁处理	在租赁变更生效日,承租人应当按照租赁准则有关租赁分拆的规定对变更后合同的对价进行分摊,按照有关租赁期的规定确定变更后的租赁期,并按变更后的折现率对变更后的租赁付款额进行折现,以重新计量租赁负债。在计算变更后租赁付款额的现值时,承租人应当采用剩余租赁期间的租赁内含利率作为折现率;无法确定剩余租赁期间的租赁内含利率的,应当采用租赁变更生效日的承租人增量借款利率作为折现率

续表

项目	内　容
租赁变更未作为一项单独租赁处理	就上述租赁负债调整的影响，承租人应区分以下情形进行会计处理： （1）租赁变更导致租赁范围缩小或租赁期缩短的，承租人应当调减使用权资产的账面价值，以反映租赁的部分终止或完全终止。承租人应将部分终止或完全终止租赁的相关利得或损失计入当期损益。 （2）其他租赁变更，承租人应当相应调整使用权资产的账面价值

学习心得 --

【要点 12】 短期租赁和低价值资产租赁 （掌握）

项目	内　　容
短期租赁	是指在租赁期开始日租赁期**不超过 12 个月**的租赁。**包含购买选择权的租赁不属于短期租赁**
低价值资产租赁	是指单项租赁资产为全新资产时价值较低的租赁。低价值资产租赁的判定应基于租赁资产全新状态下的绝对价值进行评估，不受承租人规模、性质等影响，也不应考虑资产已被使用的年限以及该资产对于承租人或相关租赁交易的重要性
会计规则	对于低价值资产租赁，承租人可根据每项租赁的具体情况作出简化会计处理的选择。选择采用简化会计处理的，其低价值资产还应满足以下条件：承租人能够从单独使用该低价值资产或将其与承租人易于获得的其他资源一起使用中获利，且该项资产与其他租赁资产没有高度依赖或高度关联关系。如果承租人已经或者预期要把相关资产进行转租赁，则不能将原租赁按照低价值资产租赁进行简化会计处理

【要点13】出租人的租赁分类（掌握）

项目	内　容
租赁开始日	是指租赁合同签署日与租赁各方就主要租赁条款作出承诺日中的较早者。租赁开始日可能早于租赁期开始日，也可能与租赁期开始日重合
融资租赁	一项租赁存在下列一种或多种情形的，通常分类为融资租赁： （1）在租赁期届满时，租赁资产的所有权转移给承租人。即，如果在租赁协议中已经约定或者根据其他条件，在租赁开始日就可以合理地判断，租赁期届满时出租人会将资产的所有权转移给承租人，那么该项租赁通常分类为融资租赁。 （2）承租人有购买租赁资产的选择权，所订立的购买价款预计远低于行使选择权时租赁资产的公允价值，因而在租赁开始日就可以合理确定承租人将行使该选择权。 （3）资产的所有权虽然不转移，但租赁期占租赁资产使用寿命的大部分（75%及以上）。 （4）在租赁开始日，租赁收款额的现值几乎相当于租赁资产的公允价值。实务中，此处的"几乎相当于"通常掌握在90%以上。

项目	内　　容
融资租赁	（5）租赁资产性质特殊，如果不作较大改造，<u>只有承租人才能使用</u>。 一项租赁存在下列一项或多项迹象的，也可能分类为融资租赁： ①若承租人撤销租赁，撤销租赁对出租人造成的损失由承租人承担。 ②资产余值的公允价值波动所产生的利得或损失归属于承租人。 ③承租人有能力以远低于市场水平的租金继续租赁至下一期间
经营租赁	是指除融资租赁以外的其他租赁
判断原则	<u>实质重于形式原则</u>：一项租赁属于融资租赁还是经营租赁，取决于交易的实质而不是合同的形式。如果一项租赁实质上转移了与租赁资产所有权有关的几乎全部风险和报酬，出租人应当将该项租赁分类为融资租赁

【要点 14】出租人对融资租赁的会计处理（掌握）

项目	内　　容
初始计量 金额	在租赁期开始日，出租人应当对融资租赁确认应收融资租赁款，并终止确认融资租赁资产。计算公式如下： $$\text{租赁投资净额} = \text{租赁投资总额的折现值} = \sum_{t=1}^{n} \frac{\text{第 t 期的租赁收款额}}{(1+r)^t} + \frac{\text{未担保余额}}{(1+r)^a}$$
初始计量 会计处理	借：应收融资租赁款——租赁收款额（租赁投资净额、初始直接费用） 　　贷：银行存款 　　　　融资租赁资产 　　　　资产处置损益 　　　　应收融资租赁款——未实现融资收益 出租人发生的初始直接费用包括在租赁投资净额中，即包括在应收融资租赁款的初始入账价值之中

续表

项目	内　　容
后续计量会计处理	借：银行存款 　　贷：应收融资租赁款——租赁收款额 借：应收融资租赁款——未实现融资收益 　　贷：租赁收入

🔧 **学习心得** ··

··

··

··

··

··

【要点 15】融资租赁的几个相关概念（掌握）

项目	内　　容
租赁投资净额	为未担保余值和租赁期开始日尚未收到的租赁收款额按照租赁内含利率折现的现值之和
租赁内含利率	是指使出租人的租赁收款额的现值与未担保余值的现值之和（即租赁投资净额）等于租赁资产公允价值与出租人的初始直接费用之和的利率
租赁收款额	是指出租人因让渡在租赁期内使用租赁资产的权利而应向承租人收取的款项。包括： （1）承租人需支付的固定付款额及实质固定付款额。存在租赁激励的，应当扣除租赁激励相关金额。 （2）取决于指数或比率的可变租赁付款额。该款项在初始计量时根据租赁期开始日的指数或比率确定。 （3）购买选择权的行权价格，前提是合理确定承租人将行使该选择权。 （4）承租人行使终止租赁选择权需支付的款项，前提是租赁期反映出承租人将行使终止租赁选择权。 （5）由承租人、与承租人有关的一方以及有经济能力履行担保义务的独立第三方向出租人提供的担保余值

【要点 16】融资租赁合同的变更（掌握）

项目	内　　容
将变更作为一项单独租赁处理的条件	同时满足： （1）该变更通过增加一项或多项租赁资产的使用权而扩大了租赁范围或延长了租赁期限； （2）增加的对价与租赁范围扩大部分或租赁期限延长部分的单独价格按该合同情况调整后的金额相当
不将变更作为一项单独租赁处理的会计处理	假如变更在租赁开始日生效，该租赁会被分类为经营租赁条件的，出租人应当自租赁变更生效日开始将其作为一项新租赁进行会计处理，并以租赁变更生效日前的租赁投资净额作为租赁资产的账面价值
	假如变更在租赁开始日生效，该租赁会被分类为融资租赁条件的，出租人应当按照金融工具确认和计量准则关于修改或重新议定合同的规定进行会计处理

【要点 17】 出租人对经营租赁的会计处理（掌握）

项目	内　　容
租金收入	在租赁期内各个期间，出租人应当采用直线法或其他系统合理的方法，将经营租赁的租赁收款额确认为租金收入。其他系统合理的方法能够更好地反映因使用租赁资产所产生经济利益的消耗模式的，出租人应当采用该方法
初始直接费用	出租人发生的与经营租赁有关的初始直接费用应当资本化，在租赁期内按照与租金收入确认相同的基础进行分摊，分期计入当期损益
折旧	对于经营租赁资产中的固定资产，出租人应当采用类似资产的折旧政策计提折旧；对于其他经营租赁资产，应当根据该资产适用的企业会计准则，采用系统合理的方法进行摊销
减值	出租人应当按照资产减值准则的规定，确定经营租赁资产是否发生减值，并进行相应会计处理

续表

项　目	内　　容
可变租赁付款额	出租人取得的与经营租赁有关的未计入租赁收款额的可变租赁付款额，应当在实际发生时计入当期损益
经营租赁合同的变更	经营租赁合同发生变更的，出租人应当自变更生效日起将其作为一项新租赁进行会计处理，与变更前租赁有关的预收或应收租赁收款额应当视为新租赁的收款额

🕐 学习心得

【要点18】转租赁（熟悉）

项目	内　　容
会计处理原则	原租赁合同和转租赁合同通常单独协商，转租出租人应分别根据原租赁（作为承租人）和转租赁（作为出租人）的会计处理要求进行会计处理
转租赁分类依据	转租出租人应基于原租赁中产生的使用权资产（而非租赁资产）进行分类。原租赁资产不归转租出租人所有，也未计入其资产负债表
特殊情况处理	若原租赁为短期租赁，且转租出租人采用简化会计处理方法，转租赁应分类为经营租赁

【要点 19】 生产商或经销商出租人的融资租赁 （熟悉）

项目	内 容
性质	生产商或经销商出租其产品或商品构成融资租赁时，交易损益应相当于按正常售价直接销售标的资产产生的损益
收入确认	在租赁期开始日，按租赁资产公允价值与租赁收款额按市场利率折现的现值两者孰低确认收入
销售成本确认	按租赁资产账面价值扣除未担保余值的现值后的余额结转销售成本
销售损益确认	收入与销售成本的差额作为销售损益
取得融资租赁的成本	与其他融资租赁出租人不同，生产商或经销商出租人取得融资租赁的成本主要与销售利得相关，应在租赁期开始日计入损益（不计入租赁投资净额）

【要点20】售后租回交易（熟悉）

项目		会计处理	
资产转让属于销售的情形	卖方兼承租人	应当按原资产账面价值中与租回获得的使用权有关的部分，计量售后租回所形成的使用权资产，并仅就转让至买方兼出租人的权利确认相关利得或损失	如果销售对价的公允价值与资产的公允价值不同，或者出租人未按市场价格收取租金，企业应当进行以下调整：（1）销售对价低于市场价格的款项作为预付租金进行会计处理。（2）销售对价高于市场价格的款项作为买方兼出租人向卖方兼承租人提供的额外融资进行会计处理。同时，承租人按照公允价值调整相关销售利得或损失，出租人按市场价格调整租金收入。
	买方兼出租人	根据其他适用的企业会计准则对资产购买进行会计处理，并根据新租赁准则对资产出租进行会计处理	在进行上述调整时，企业应当按以下二者中较易确定者进行：（1）销售对价的公允价值与资产的公允价值的差异。（2）合同付款额的现值与按市场租金计算的付款额的现值的差异

续表

项目		会计处理
资产转让不属于销售的情形	卖方兼承租人	不终止确认所转让的资产,而应当将收到的现金作为金融负债,并按照金融工具确认和计量准则进行会计处理
	买方兼出租人	不确认被转让资产,而应当将支付的现金作为金融资产,并按照金融工具确认和计量准则进行会计处理

学习心得

第二十章　持有待售的非流动资产、处置组和终止经营

☞ 掌握持有待售类别的分类与计量
☞ 熟悉终止经营的定义及判断

【要点1】持有待售类别的界定（掌握）

项目	相关规定
持有待售类别的定义	企业主要通过出售（而非持续使用）一项非流动资产（或处置组）的方式收回其账面价值的，应当将该非流动资产（或处置组）划分为持有待售类别。 处置组，是指在一项交易中作为整体通过出售或其他方式一并处置的一组资产，以及在该交易中转让的与这些资产直接相关的负债。处置组所属的资产组或资产组组合按照资产减值准则分摊了企业合并中取得的商誉的，该处置组还应当包含分摊至处置组的商誉
划分条件	非流动资产（或处置组）划分为持有待售类别，应当同时满足下列条件： （1）根据类似交易中出售此类资产（或处置组）的惯例，在当前状况下可立即出售。有关规定要求企业相关权力机构或者监管部门批准后方可出售的，应当已经获得批准。 （2）出售是极可能发生的，即企业已经就一项出售计划作出决议，且已获得确定的购买承诺，预计出售将在一年内完成

续表

项目	相关规定
划分条件	关于延长一年期限的例外条款： 因企业无法控制的下列原因之一，导致非关联方之间的交易未能在一年内完成，且有充分证据表明企业仍然承诺出售非流动资产（或处置组）的，企业应当继续将非流动资产（或处置组）划分为持有待售类别。 （1）买方或其他方意外设定导致出售延期的条件，企业针对这些条件已经及时采取行动，且预计能够自设定导致出售延期的条件起一年内顺利化解延期因素。 （2）因发生罕见情况，导致持有待售的非流动资产（或处置组）未能在一年内完成出售，企业在最初一年内已经针对这些新情况采取必要措施且重新满足了持有待售类别的划分条件
	不再符合划分条件的处理： 持有待售的非流动资产（或处置组）不再满足持有待售类别划分条件的，企业不应当继续将其划分为持有待售类别。部分资产或负债从持有待售的处置组中移除后，处置组中剩余资产或负债新组成的处置组仍然满足持有待售类别划分条件的，企业应当将新组成的处置组划分为持有待售类别，否则应当将满足持有待售类别划分条件的非流动资产单独划分为持有待售类别

【要点2】特殊情形下持有待售类别的界定（掌握）

1. 企业专为转售而取得的非流动资产（或处置组）。

企业专为转售而取得的非流动资产（或处置组），在取得日满足"预计出售将在一年内完成"的规定条件，且短期（通常为 3 个月）内很可能满足持有待售类别的其他划分条件的，企业应当在取得日将其划分为持有待售类别。

2. 持有待售的长期股权投资。

企业因出售对子公司的投资等原因导致其丧失对子公司控制权的，无论出售后企业是否保留部分权益性投资，都应当在拟出售的对子公司投资满足持有待售类别划分条件时，在母公司个别财务报表中将对子公司投资整体划分为持有待售类别，在合并财务报表中将子公司所有资产和负债划分为持有待售类别。

情形	事由	对应处理
情形 1	母公司 G 拟出售全资子公司 S 的全部股权	母公司 G 应当在个别财务报表中将拥有的 S 公司全部股权划分为持有待售类别，在合并财务报表中将 S 公司所有资产和负债划分为持有待售类别

续表

情形	事由	对应处理
情形 2	母公司 G 拟出售全资子公司 S 的 55% 股权，之后对 S 公司具有重大影响	母公司 G 应当在个别财务报表中将拥有的 S 公司全部股权划分为持有待售类别，在合并财务报表中将 S 公司所有资产和负债划分为持有待售类别
情形 3	母公司 G 拟出售全资子公司 S 的 25% 股权，之后保持对 S 公司的控制	该长期股权投资并不属于"主要通过出售而非持续使用收回其账面价值"，因此，不应划分为持有待售类别
情形 4	母公司 G 拥有子公司 S 的 55% 股权，拟出售 6% 的股权，之后对 S 公司具有重大影响	母公司 G 应当在个别财务报表中将拥有的 S 公司 55% 股权划分为持有待售类别，在合并财务报表中将 S 公司所有资产和负债划分为持有待售类别

续表

情形	事由	对应处理
情形 5	母公司 G 拥有联营企业 M 的 35% 股权，拟出售 30% 的股权，之后对 M 公司不具有重大影响	母公司 G 应当将拟出售的 30% 股权划分为持有待售类别，不再按权益法核算。剩余的 5% 股权在 30% 股权处置前仍然采用权益法核算，在 35% 股权处置后按照金融工具准则处理
情形 6	母公司 G 拥有合营企业 N 的 50% 股权，拟出售 35% 的股权，之后对 N 公司不具有重大影响	母公司 G 应当将拟出售的 35% 股权划分为持有待售类别，不再按权益法核算。剩余的 15% 股权在 35% 股权处置前仍然采用权益法核算，在 35% 股权处置后按照金融工具准则处理

3. 企业不应当将拟结束使用而非出售的非流动资产或处置组划分为持有待售类别。

【要点3】 持有待售的非流动资产（或处置组）的计量（掌握）

业务节点	计量方式
划分为持有待售类别前	企业将非流动资产（或处置组）首次划分为持有待售类别前，应当按照相关会计准则规定计量非流动资产（或处置组）中各项资产和负债的账面价值。对于拟出售的非流动资产（或处置组），企业应当在划分为持有待售类别前考虑进行减值测试
划分为持有待售类别时	对于在取得日划分为持有待售类别的非流动资产（或处置组），企业应当将其"划分为持有待售类别之前的初始计量金额"和"公允价值减去出售费用后的净额"进行比较，以两者中的较低者作为该资产的初始计量金额。除企业合并中取得的非流动资产（或处置组）外，应当将非流动资产（或处置组）以公允价值减去出售费用后的净额作为初始计量金额而产生的差额，计入当期损益

续表

业务节点	计量方式	
划分为持有待售类别后	持有待售的非流动资产的后续计量	持有待售的非流动资产（或处置组中的非流动资产）不应计提折旧或摊销，原则上按照账面价值与公允价值减去处置费用后的净额孰低进行计量。 后续资产负债表日，持有待售的非流动资产的账面价值高于公允价值减去出售费用后的净额的，应当将账面价值减记至公允价值减去出售费用后的净额，减记的金额确认为资产减值损失，计入当期损益，同时计提持有待售资产减值准备。 后续资产负债表日，持有待售的非流动资产公允价值减去出售费用后的净额增加的，以前减记的金额应当予以恢复，并在划分为持有待售类别后确认的资产减值损失金额内转回，转回金额计入当期损益。划分为持有待售类别前确认的资产减值损失不得转回

续表

业务节点	计量方式	
划分为持有待售类别后	持有待售的处置组的后续计量	后续资产负债表日，持有待售的处置组的公允价值减去出售费用后的净额增加的，以前减记的金额应当予以恢复，并在非流动资产所确认的资产减值损失金额内转回，转回金额计入当期损益，且不应当重复确认适用其他准则计量规定且已经确认过的非流动资产和负债的利得。 已抵减的商誉账面价值，以及非流动资产在划分为持有待售类别前确认的资产减值损失不得转回。 持有待售的处置组确认的资产减值损失后续转回金额，应当根据处置组中除商誉外的各项非流动资产账面价值所占比重，按比例增加其账面价值

续表

业务节点	计量方式
不再继续划分为持有待售类别时	应当按照以下两者孰低计量： （1）划分为持有待售前的账面价值，按照假定不划分为持有待售类别情况下本应确认的折旧、摊销或减值等进行调整后的金额。 （2）可收回金额。这样处理的结果是，原来划分为持有待售的非流动资产或处置组在重新分类后的账面价值，与其从未划分为持有待售类别情况下的账面价值相一致。由此产生的差额计入当期损益，可以通过"资产减值损失"科目进行会计处理
终止确认时	应当将尚未确认的利得或损失计入当期损益

【要点4】终止经营的定义及判断（熟悉）

项目	内容	
定义	终止经营，是指企业满足下列条件之一的、能够单独区分的、已经处置或划分为持有待售类别的组成部分： （1）代表一项独立的主要业务或一个单独的主要经营地区； （2）是拟对一项独立的主要业务或一个单独的主要经营地区进行处置的一项相关联计划的一部分； （3）是专为转售而取得的子公司	
终止经营 判断要素	是企业能够单独区分的组成部分	该组成部分的经营和现金流量在企业经营和编制财务报表时是能够与企业的其他部分清楚区分的
	应具有一定的规模	终止经营应当代表一项独立的主要业务或一个单独的主要经营地区，或者是拟对一项独立的主要业务或一个单独的主要经营地区进行处置的一项相关联计划的一部分

续表

项目	内 容	
终止经营判断要素	应当满足一定的时点要求	该组成部分在资产负债表日之前已经处置，包括已经出售和结束使用（如关停或报废等）
		该组成部分在资产负债表日之前已经划分为持有待售类别

学习心得 ....

....

....

....

....

....

第二十一章　企业合并与合并财务报表

☞ 掌握同一控制下企业合并的会计处理
☞ 掌握非同一控制下企业合并的会计处理
☞ 掌握合并资产负债表的编制
☞ 掌握合并利润表的编制
☞ 掌握合并现金流量表的编制
☞ 掌握合并所有者权益变动表的编制
☞ 熟悉合并财务报表的编制原则及前期准备

【要点1】同一控制下企业合并的会计处理（掌握）

项目	内　容
定义	同一控制下的企业合并，是指参与合并的企业在合并前后均受同一方或相同的多方最终控制且该控制并非暂时性的
会计处理原则	（1）合并方在合并中确认取得的被合并方的资产、负债仅限于被合并方账面上原已确认的资产和负债，合并中不产生新的资产和负债
	（2）合并方在合并中取得的被合并方各项资产、负债应维持其在被合并方的原账面价值不变。被合并方在企业合并前采用的会计政策与合并方不一致的，应基于重要性原则，首先统一会计政策和会计期间
	（3）合并方在合并中取得的净资产的入账价值与为进行企业合并支付的对价账面价值之间的差额，应当调整所有者权益相关项目，不计入企业合并当期损益

续表

项目	内　容
会计处理原则	（4）对于同一控制下的控股合并，应视同合并后形成的报告主体自最终控制方开始实施控制时一直是一体化存续下来的，体现在其合并财务报表上，即由合并后形成的母子公司构成的报告主体，无论是其资产规模还是其经营成果都应持续计算
控股合并的会计处理	合并方对股权投资的会计处理：母公司在投资时，要按照"被合并方所有者权益账面价值×持股比例"作为其股权投资的入账金额
	（1）以支付资产或承担债务作为合并对价的情形。 借：长期股权投资［按"被合并方所有者权益账面价值×持股比例"］ 　　资本公积→盈余公积→未分配利润（依次冲减）［若为借方差额］ 　　贷：有关资产或负债科目［按账面价值］ 　　　　资本公积［若为贷方差额］

项目	内　　容
控股合并的会计处理	(2) 以发行股份作为合并对价的情形。 借：长期股权投资 [按"被合并方所有者权益账面价值×持股比例"] 　　资本公积→盈余公积→未分配利润（依次冲减）[若为借方差额] 　贷：股本 [按股票面值总额] 　　资本公积 [若为贷方差额]
吸收合并的会计处理	这种情形下，被合并方已不复存在，合并方只需记录所付出的代价与所收到的对价即可。会计分录如下： 借：接收的被合并方的各种资产 [被合并方的账面价值] 　　资本公积→盈余公积→未分配利润（依次冲减）[若为不利差额] 　贷：接收的被合并方的各种负债 [被合并方账面价值] 　　各种对价（如现金/非现金资产/负债/股本面值）[按其账面价值] 　　资本公积 [若为有利差额]
合并日的合并财务报表的编制	对于同一控制下的控股合并，母公司应当编制合并日的合并资产负债表、合并利润表和合并现金流量表

续表

项　目	内　　容
合并日的合并财务报表的编制	（1）合并日的合并资产负债表。合并资产负债表中被合并方的各项资产、负债，应当按其账面价值计量。如果被合并方采用的会计政策与合并方不一致，合并方在合并日应当按照本企业的会计政策对被合并方的财务报表相关项目进行调整，并以调整后的账面价值计量。 借：股本 ⎫ 　　资本公积 ⎬被合并方股东权益的账面价值 　　盈余公积 ⎭ 　　未分配利润 　　贷：长期股权投资〔合并方享有的被合并方所有者权益账面价值的份额〕 　　　　少数股东权益〔少数股东享有的被合并方所有者权益账面价值的份额〕
	（2）合并日的合并利润表。合并利润表应当包括参与合并各方自合并当期期初至合并日所发生的收入、费用和利润。 对于同一控制下的控股合并，为了帮助会计信息使用者了解合并利润表中净利润的构成，合并方应在合并利润表中的"净利润"项下单列"其中：被合并方在合并前实现的净利润"项目，以提示会计信息使用者关注合并利润表中所记载的、被合并方在合并日前实现的净利润的情况

续表

项目	内　容
合并日的合并财务报表的编制	（3）合并日的合并现金流量表。合并现金流量表应当包括参与合并各方自合并当期期初至合并日的现金流量

提示　　针对同一控制下的企业合并，准则把在合并日获得其他企业控制权的一方称作合并方，把相对方称作被合并方。作为对比，准则把非同一控制下企业合并的参与方分别称作购买方和被购买方。

【要点2】非同一控制下企业合并的会计处理（掌握）

项目	内　　容
定义	指参与合并各方在合并前后不受同一方或相同的多方最终控制的合并交易，非同一控制下企业合并的基本处理原则是购买法
会计处理原则	（1）确定购买方
	（2）确定购买日。 是购买方获得对被购买方控制权的日期，即企业合并交易进行过程中，发生控制权转移的日期，确定购买日的基本原则是控制权转移的时点
	（3）确定企业合并成本。 通过一次交易而实现的企业合并，合并成本为购买方在购买日为取得控制权而付出的全部代价（如所付出的资产、所承担的负债、所发行的股票）的公允价值。如果购买方在购并合同中对可能影响合并成本的未来事项作出约定，在购买日估计未来事项很可能发生并且对合并成本的影响金额能够可靠计量，则应将其计入合并成本。 作上述处理时，购买方付出的资产、发生的债务的公允价值与其账面价值的差额，计入当期损益（作为营业外收入或营业外支出）。 购买方为进行企业合并发生的各项直接相关费用计入当期损益（管理费用），不计入合并成本

续表

项目	内 容
会计处理原则	（4）企业合并成本在取得的可辨认资产和负债之间的分配。 被购买方的可辨认净资产公允价值，是可辨认资产的公允价值减去负债及或有负债的公允价值后的余额。其中，公允价值是指购买日的公允价值。 【提示】①取得的被购买方的或有负债，其公允价值在购买日能够可靠计量的，应确认为预计负债。此项负债应当按照市场上独立的第三方的立场来计算。注意，此时不再要求"很可能发生"，这与《企业会计准则第13号——或有事项》有所不同。 ②特殊的资产和负债项目。被购买方在合并前所记载的商誉、递延所得税资产、递延所得税负债，在计算净公允价值时均不考虑在内
	（5）企业合并成本与合并中取得的被购买方可辨认净资产公允价值份额之间差额的处理。 购买方付出的企业合并成本与获得的净公允价值份额之比较，应根据所计算出的净公允价值，购买方可按照持股比例计算得出自己所享有的净公允价值份额。对于企业合并成本（即代价）与净公允价值份额（即对价）之间的差异，分别作如下处理： ①企业合并成本大于所享有的净公允价值份额的情形，购买方应当将差额确认为商誉。

续表

项目	内　　容
会计处理原则	②企业合并成本小于所享有的净公允价值份额的情形，购买方应复核企业合并成本与净公允价值的计算是否正确，若核对无误，则应将差额计入当期损益（营业外收入）。这种情形下的差异被称作负商誉。 在吸收合并的情况下，上述操作是在存续企业的个别报表中进行的；在控股合并的情况下，上述处理是在合并报表中进行的
	（6）企业合并成本或合并中取得的可辨认资产、负债公允价值的调整
	（7）购买日合并财务报表的编制
控股合并的会计处理	此情形下，在母公司（购买方）的个别财务报表中，控股合并是作为长期股权投资核算的。准则要求，购买方应当按照公允价值计量合并成本。在合并日，母公司需要在合并工作底稿中编制抵销分录
	（1）购买方对股权投资的会计处理。 若通过转让资产或承担负债的方式完成合并，则购买方在购买日确定合并成本的会计分录如下：

续表

项　目	内　容
控股合并的会计处理	借：长期股权投资［按企业合并成本］ 　　营业外支出［付出代价的公允价值与账面价值的差额］ 　　　贷：作为代价的有关资产或负债科目［账面价值］ 　　　　　营业外收入［付出代价的公允价值与账面价值的差额］ 若通过发行股票的方式完成合并，则购买方在购买日确定合并成本的会计分录如下： 借：长期股权投资［按所发行股票的公允价值］ 　　　贷：股本［按所发行股票的面值］ 　　　　　资本公积——股本溢价［按差额］
	（2）合并日的合并报表的编制。 在合并工作底稿中按照调整分录进行公允价值调整后，购买方所付出的代价（即"长期股权投资"项目）与所得到的对价（母公司享有的子公司净公允价值）已经全部陈列在合并工作底稿上，这样就可以进行抵销处理了。对于非同一控制下的控股合并，母公司应当编制购买日的合并资产负债表，因企业合并取得的被购买方各项可辨认资产、负债及或有负债应当以公允价值列示。母公司的合并成本与取得的子公司可辨认净资产公允价值份额的差额，作为商誉或负商誉进行处理

续表

项目	内　容
	这种情形下，被合并方已不复存在，合并方只需记录所付出的代价与所收到的对价即可，不存在合并财务报表的问题。也就是说，购买方编制会计分录，在自己的账簿和个别报表中确认商誉或负商誉
吸收合并的会计处理	购买方在购买日确定合并成本的会计分录如下： 借：长期股权投资［按企业合并成本］ 　　营业外支出［付出代价的公允价值与账面价值的差额］ 　　贷：作为对价的有关资产或负债科目［账面价值］ 　　　　营业外收入［付出代价的公允价值与账面价值的差额］ 购买方在购买日以公允价值接受被购买方的资产和负债，其会计分录如下： 借：取得的被购买方各项可辨认资产科目［按公允价值］ 　　商誉（或贷：营业外收入）［按正商誉（或负商誉）］ 　　贷：长期股权投资［按企业合并成本］ 　　　　取得的被购买方各项可辨认负债及或有负债［按公允价值］ 【提示】实务操作中，以上两个分录可以合为一个分录

【要点3】合并财务报表的编制原则及前期准备（熟悉）

项目	内　容
概念	是指反映母公司和其全部子公司形成的企业集团整体财务状况、经营成果和现金流量的财务报表
合并财务报表的特点	（1）反映的对象是由母公司和其全部子公司组成的会计主体； （2）编制者是母公司，但所对应的会计主体是由母公司及其控制的所有子公司所构成的合并财务报表主体（以下简称"合并集团"）； （3）是站在合并集团的立场上，以纳入合并范围的企业个别财务报表为基础，根据其他有关资料，抵销母公司与子公司、子公司相互之间发生的内部交易，考虑了特殊交易事项对合并财务报表的影响后编制的，旨在反映合并集团作为一个整体的财务状况、经营成果和现金流量
合并财务报表的编制原则	（1）以个别财务报表为基础编制； （2）一体性原则； （3）重要性原则

续表

项目	内　　容
编制的前期准备事项	（1）统一母子公司的会计政策； （2）统一母子公司的资产负债表日及会计期间； （3）对子公司以外币表示的财务报表进行折算； （4）收集编制合并财务报表的相关资料

学习心得

【要点4】调整分录的编制（掌握）

项目	账务处理
对子公司的个别财务报表进行调整	（1）属于同一控制下企业合并中取得的子公司的个别财务报表，如果不存在与母公司会计政策和会计期间不一致的情况，则不需要对该子公司的个别财务报表进行调整，只需要抵销内部交易对合并财务报表的影响即可。 （2）非同一控制下企业合并中取得的子公司，除应考虑会计政策及会计期间的差别，需要对子公司的个别财务报表进行调整外，还应当根据母公司在购买日设置的备查簿中登记的该子公司有关可辨认资产、负债及或有负债等在购买日的公允价值，对子公司的个别财务报表进行调整
	调整分录（假设购买日公允价值大于账面价值）如下： （1）第一年。 ①将子公司的资产或负债账面价值调整为公允价值： 借：固定资产、无形资产、存货等 　　贷：资本公积（购买日资产公允价值 – 账面价值）

续表

项目	账务处理
对子公司的个别财务报表进行调整	②调整子公司个别财务报表中的净利润： 借：管理费用（补提的折旧、摊销）（公允价值－账面价值÷尚可使用寿命×购买日至年末的月份数÷12） 　　营业成本等（补记销售成本） 　　贷：固定资产——累计折旧 　　　　无形资产——累计摊销 　　　　存货等 （2）第二年。 ①借：固定资产、无形资产、存货等 　　贷：资本公积 ②借：未分配利润——年初（截至本期期初对固定资产折旧额的累计调整额） 　　管理费用 　　贷：固定资产——累计折旧 　　　　无形资产——累计摊销

续表

项目	账务处理
对子公司的个别财务报表进行调整	涉及存货的： 借：未分配利润——年初（截至年初累计调整金额） 　　营业成本等（公允价值－账面价值）×本期售出比例 　　贷：存货等
按照权益法调整对子公司的长期股权投资	调整事项：（1）子公司盈利（亏损相反）；（2）子公司分派现金股利；（3）子公司除净损益以外所有者权益的其他变动
	分为投资当年和连续编制合并报表
	具体分录： （1）投资当年（按照调整事项列示）： ①借：长期股权投资（调整后子公司当期的净利润×母公司持股比例） 　　贷：投资收益 ②借：投资收益 　　贷：长期股权投资（调整子公司宣告分派的现金股利）

续表

项目	账务处理
按照权益法调整对子公司的长期股权投资	③借：长期股权投资（除净利润以外的所有者权益的其他变动） 　　贷：资本公积——本年 　　　　其他综合收益——本年 （2）连续编制合并报表（按照调整事项列示）： ①借：长期股权投资 　　贷：未分配利润——年初（以前年度） 　　　　投资收益——本年 ②借：未分配利润——年初（以前年度） 　　投资收益——本年 　　贷：长期股权投资 ③借：长期股权投资 　　贷：资本公积——年初、本年 　　　　其他综合收益——年初、本年

提示　在合并工作底稿中，将对子公司的长期股权投资由成本法改为权益法，其调整分录与个别财务报表中成本法改为权益法的"追溯调整"思路一致。差别在于成本法改权益法，此处只调表不调账。

学习心得

【要点5】抵销分录的编制（掌握）

项目	账务处理
母公司对子公司**长期股权投资**与子公司所有者权益的抵销	借：股本（实收资本）——年初、年末 　　资本公积——年初、年末 　　其他综合收益——年初、年末 　　盈余公积——年初、年末 　　未分配利润——年末 　　商誉（长期股权投资的金额大于应享有子公司可辨认净资产公允价值份额的差额） 　　贷：长期股权投资（权益法调整后母公司的金额） 　　　　少数股东权益（子公司所有者权益×少数股东投资持股比例） **【提示】**（1）在非同一控制下的企业合并才出现"商誉"，如果母公司对子公司长期股权投资的金额小于子公司可辨认净资产公允价值份额的差额，当年贷记"营业外收入"科目。 （2）子公司持有母公司的长期股权投资，应当视为企业集团的库存股，作为所有者权益的减项，在合并资产负债表中所有者权益项目下以"减：库存股"项目列示；子公司相互之间持有的长期股权投资，应当比照母公司对子公司的股权投资的抵销方法，将长期股权投资与其对应的子公司所有者权益中所享有的份额相互抵销

续表

项目	账务处理
母公司对子公司、子公司相互之间持有对方长期股权投资的投资收益的抵销	借：投资收益（子公司的净利润×母公司持股比例） 　　少数股东损益（子公司的净利润×少数股东持股比例） 　　未分配利润——年初（子公司年初未分配利润） 　贷：提取盈余公积（子公司本期提取的盈余公积） 　　　对所有者（或股东）分配（子公司利润分配数） 　　　未分配利润——年末（子公司年末未分配利润）
内部债权和债务的抵销	基本抵销分录： 借：债务类项目 　贷：债权类项目 内部应收账款与应付账款的抵销处理： （1）初次编制合并财务报表时的抵销处理。 ①借：应付账款 　　贷：应收账款

续表

项目	账务处理
内部债权和债务的抵销	②借：应收账款——坏账准备 　　贷：信用减值损失 （2）连续编制合并财务报表时的抵销处理。 ①内部应收账款本期余额等于上期余额。 借：应付账款 　　贷：应收账款 借：应收账款——坏账准备 　　贷：未分配利润——年初 ②内部应收账款本期余额大于上期余额。 借：应付账款 　　贷：应收账款 借：应收账款——坏账准备 　　贷：未分配利润——年初 　　　　信用减值损失 ③内部应收账款本期余额小于上期余额。 借：应付账款 　　贷：应收账款

续表

项目	账务处理
内部债权和债务的抵销	借：应收账款——坏账准备 　　　信用减值损失 　　　贷：未分配利润——年初 【提示】债权计提坏账准备的抵销原则：先抵期初数，然后抵销期初数与期末数的差额
	内部应收账款相关所得税会计的合并抵销处理： （1）借：未分配利润——年初 　　　　　贷：递延所得税资产 （2）借：所得税费用 　　　　　贷：递延所得税资产（本期冲减坏账准备的，在借方）
存货价值中包含的未实现内部销售损益的抵销处理	未实现内部销售损益抵销处理： 借：未分配利润——年初（假定本期对外售出） 　　贷：营业成本

续表

项目	账务处理
存货价值中包含的未实现内部销售损益的抵销处理	本期内部购进商品的抵销处理： 借：营业收入（内部收入） 　　贷：营业成本（内部成本）
	将期末存货中未实现的内部销售利润抵销： 借：营业成本 　　贷：存货（期末存货中未实现内部销售利润）
	存货跌价准备的抵销： （1）借：存货——存货跌价准备 　　　　　贷：未分配利润——年初 （2）借：营业成本（因销售结转跌价准备的调整） 　　　　　贷：存货——存货跌价准备 （3）借：存货——存货跌价准备 　　　　　贷：资产减值损失（或作相反分录） 【提示】三笔分录中"存货跌价准备"合计为应抵销的存货跌价准备期末余额

续表

项目	账务处理
存货价值中包含的<u>未实现内部销售损益</u>的抵销处理	所得税影响： 递延所得税资产的期末余额 = 期末存货中未实现内部销售利润 × 所得税税率 将其和期初数比较，得出本期应确认或转回的递延所得税资产。 （1）借：递延所得税资产 　　　　　贷：未分配利润——年初 （2）借：所得税费用 　　　　　贷：递延所得税资产
<u>内部固定资产交易</u>的抵销处理	未发生变卖或报废的内部固定资产交易的抵销： （1）借：未分配利润——年初 　　　　　贷：固定资产——原价（期初固定资产原价中未实现内部销售利润） （2）借：固定资产——累计折旧（期初累计多提折旧） 　　　　　贷：未分配利润——年初 （3）将本期购入的固定资产原价中未实现内部销售利润抵销。 借：营业收入（本期内部固定资产交易产生的收入） 　　贷：营业成本（本期内部固定资产交易产生的销售成本） 　　　　固定资产——原价（本期购入的固定资产原价中未实现内部销售利润）

续表

项目	账务处理
内部固定资产交易的抵销处理	（4）将本期多提折旧抵销。 借：固定资产——累计折旧（本期多提折旧） 　　贷：管理费用等 发生使用寿命未满提前进行清理（正常处置）并产生净损失时内部交易固定资产的抵销： 借：未分配利润——年初 　　贷：营业外支出 　　　　管理费用 发生使用寿命超期使用进行清理时内部交易固定资产的抵销： （1）期满当期期末。 借：未分配利润——年初 　　贷：管理费用 （2）以后期间无须编制相关抵销分录。

续表

项目	账务处理
内部固定资产交易的抵销处理	发生使用寿命届满进行清理时内部交易固定资产的抵销： 借：未分配利润——年初 　　贷：管理费用 所得税的影响： （1）调整合并财务报表中的期初递延所得税资产。 借：递延所得税资产 　　贷：未分配利润——年初 （2）确认本期合并财务报表中递延所得税资产期末余额（列报金额）。 递延所得税资产期末余额＝期末合并财务报表中固定资产可抵扣暂时性差异余额×所得税税率 （3）调整合并财务报表中本期递延所得税资产。 借：所得税费用 　　贷：递延所得税资产

> **提示**　合并财务报表中固定资产账面价值为集团内部销售方（不是购货方）期末固定资产的账面价值，计税基础为集团内部购货方期末按照税法规定确定的账面价值。

学习心得

【要点6】合并利润表的编制（掌握）

项目	相关处理
内部营业收入和内部营业成本项目的抵销处理	借：营业收入 　　贷：营业成本 　　　　存货（期末存货价值中包含的未实现内部销售损益）
购买企业内部购进商品作为固定资产等资产使用时的抵销处理	借：营业收入 　　贷：固定资产——原价 　　　　营业成本 借：固定资产——累计折旧 　　贷：管理费用
内部应收款项计提的坏账准备等减值准备的抵销处理	借：应收账款——坏账准备等项目 　　贷：信用减值损失

续表

项目	相关处理
内部投资收益（利息收入）和利息费用的抵销	借：投资收益 　　贷：财务费用
母公司与子公司、子公司相互之间持有对方长期股权投资的投资收益的抵销处理	子公司为全资子公司： 借：投资收益 　　未分配利润——年初 　　贷：提取盈余公积 　　　　对所有者（或股东）的分配 　　　　未分配利润——年末 子公司为非全资子公司： 借：投资收益 　　少数股东损益 　　未分配利润——年初 　　贷：提取盈余公积 　　　　对所有者（或股东）的分配 　　　　未分配利润——年末

续表

项目	相关处理
报告期内增加或处置子公司以及业务	母公司在报告期内因同一控制下企业合并增加的子公司以及业务，应当将该子公司以及业务合并当期期初至报告期末的收入、费用、利润纳入合并利润表，同时应当对比较报表的相关项目进行调整，视同合并后的报告主体自最终控制方开始控制时点起一直存在。因非同一控制下企业合并或其他方式增加的子公司以及业务，应当将该子公司以及业务购买日至报告期末的收入、费用、利润纳入合并利润表。 母公司在报告期内处置子公司以及业务，应当将该子公司以及业务期初至处置日的收入、费用、利润纳入合并利润表

【要点7】合并现金流量表的编制（掌握）

项目	内 容
抵销的原则	借：现金流出项目 　　贷：现金流入项目
抵销处理的项目	（1）集团内部相互之间当期以现金投资或收购股权增加的投资所产生的现金流量。 （2）集团内部相互之间当期取得投资收益收到的现金与分配股利、利润或偿付利息支付的现金。 （3）集团内部相互之间以现金结算债权与债务所产生的现金流量。 （4）集团内部相互之间当期销售商品所产生的现金流量。 （5）集团内部相互之间处置固定资产、无形资产和其他长期资产收回的现金净额与购建固定资产、无形资产和其他长期资产支付的现金等

项　目	内　容
有关少数股东权益项目的反映	对于子公司的少数股东增加在子公司中的权益性投资，在合并现金流量表中应当在"筹资活动产生的现金流量"之下的"吸收投资收到的现金"项目下"其中：子公司吸收少数股东投资收到的现金"项目反映
	对于子公司向少数股东支付现金股利或利润，在合并现金流量表中应当在"筹资活动产生的现金流量"之下的"分配股利、利润或偿付利息支付的现金"项目下"其中：子公司支付给少数股东的股利、利润"项目反映
	对于子公司的少数股东依法抽回在子公司中的权益性投资，在合并现金流量表中应当在"筹资活动产生的现金流量"之下的"支付其他与筹资活动有关的现金"项目反映

【要点8】合并所有者权益变动表的编制（掌握）

需抵销处理项目	内　容
权益	母公司对子公司的长期股权投资与母公司在子公司所有者权益中所享有的份额相互抵销
投资收益	母公司对子公司、子公司相互之间持有对方长期股权投资的投资收益应当抵销
其他内部交易	母公司与子公司、子公司相互之间发生的其他内部交易对所有者权益变动的影响
少数股东权益	在子公司存在少数股东的情况下，增加"少数股东权益"栏目，用于反映少数股东权益变动的情况

 提示　合并所有者权益变动表也可以根据合并资产负债表和合并利润表进行编制。

第二十二章　会计政策、会计估计变更和差错更正

☞ 掌握会计政策
☞ 掌握会计政策的变更及其会计处理
☞ 掌握会计估计
☞ 掌握会计估计的变更及其会计处理
☞ 掌握前期差错
☞ 掌握前期差错更正的会计处理
☞ 熟悉会计政策变更与会计估计变更的划分

【要点1】会计政策及会计政策的变更（掌握）

项目	内容
会计政策的概念	会计政策，是指企业在会计确认、计量和报告中所采用的原则、基础和会计处理方法
会计政策变更的概念	(1) 会计政策变更，是指企业对相同的交易或者事项由原来采用的会计政策改用另一会计政策的行为。 (2) 一般情况下，为保证会计信息的可比性，企业在不同的会计期间应采用相同的会计政策，不能随意变更会计政策。 (3) 企业不能随意变更会计政策并不意味着企业的会计政策在任何情况下均不能变更
会计政策变更的条件	符合下列条件之一，企业可以变更会计政策： (1) 法律、行政法规或国家统一的会计制度准则等要求变更。 (2) 会计政策的变更能够提供更可靠、更相关的会计信息*

续表

项目	内 容
不属于会计政策变更的情形	（1）本期发生的交易或者事项与以前相比具有本质差别而采用新的会计政策。 （2）对初次发生的或不重要的交易或者事项采用新的会计政策

注：*满足此条件变更会计政策时，必须有充分、合理的证据表明其变更的合理性，并说明变更会计政策后，能够提供关于企业财务状况、经营成果和现金流量等更可靠、更相关会计信息的理由。对会计政策的变更，应经股东大会或董事会等类似机构批准。如无充分、合理的证据表明会计政策变更的合理性或者未经股东大会等类似机构批准擅自变更会计政策的，或者连续、反复地自行变更会计政策的，视为滥用会计政策，应按照前期会计差错更正的方法进行处理。

【要点2】常见的会计政策变更（掌握）

```
                              ┌─────────────────────────────┐
                              │发出存货计价方法由先进先出法改为│
                              │加权平均法                    │
                              └─────────────────────────────┘

                              ┌─────────────────────────────┐
                              │投资性房地产的后续计量由成本模式│
                              │改为公允价值模式              │
                              └─────────────────────────────┘
    ┌──────────────┐
    │常见的会计政策变更│
    └──────────────┘          ┌─────────────────────────────┐
                              │内部研发项目开发阶段的支出的处理│
                              │由直接计入当期损益改为符合条件的│
                              │资本化                        │
                              └─────────────────────────────┘

                              ┌─────────────────────────────┐
                              │商品流通企业采购费用由计入当期损│
                              │益改为计入取得存货的成本       │
                              └─────────────────────────────┘
```

【要点3】会计政策变更的会计处理（掌握）

追溯调整法	内　容
定义	是指对某项交易或者事项变更会计政策，视同该项交易或者事项初次发生时即采用变更后的会计政策，并以此对财务报表相关项目进行调整的方法
适用情形	会计政策变更能够提供更可靠、更相关的会计信息的，应当采用追溯调整法处理，将会计政策变更累积影响数调整列报前期最早期初留存收益，其他相关项目的期初余额和列报前期披露的其他比较数据也应当一并调整，但确定该项会计政策变更累积影响数不切实可行的除外
具体应用	（1）计算会计政策变更累积影响数。 第一步，根据新的会计政策重新计算受影响的前期交易或者事项； 第二步，计算两种会计政策下的差异； 第三步，计算差异的所得税影响金额； 第四步，确定前期中每一期的税后差异； 第五步，计算会计政策变更的累积影响数

续表

追溯调整法	内　　容
具体应用	（2）相关的账务处理。（以下为调减累计影响数的分录，调增作相反分录） 借：利润分配——未分配利润（累积影响数） 　　递延所得税资产（所得税影响数） 　　　贷：相关资产或负债科目 借：盈余公积 　　　贷：利润分配——未分配利润 【提示】会计政策变更不通过"以前年度损益调整"科目处理
	（3）调整财务报表相关项目。 资产负债表：调整变更当期相关项目的年初数。 利润表：调整变更当期相关项目的上年数。 所有者权益变动表：调整"会计政策变更"行"盈余公积"和"未分配利润"的"本年金额"和"上年金额"栏。 变更当期相关项目的期末数，以调整后的金额为基础确定
	（4）财务报表附注说明

未来适用法	内　容
定义	是指将变更后的会计政策应用于变更日及以后发生的交易或者事项，或者在会计估计变更当期和未来期间确认会计估计变更影响数的方法
适用情形	确定会计政策变更对列报前期影响数不切实可行的，应当从可追溯调整的最早期间期初开始应用变更后的会计政策。在当期期初确定会计政策变更对以前各期累积影响数不切实可行的，应当采用未来适用法处理
具体应用	在未来适用法下，不需要计算会计政策变更产生的累积影响数，也无须重编以前年度的财务报表。对于企业会计账簿记录及财务报表上反映的金额，在变更之日仍保留原有的金额，不因会计政策变更而改变以前年度的既定结果，在现有金额的基础上再按新的会计政策进行核算

【要点4】 会计估计 （掌握）

项目	内　容
概念	（1） 会计估计，是指企业对其结果不确定的交易或事项以最近可利用的信息为基础所作的判断。 （2） 会计估计变更，是指由于资产和负债的当前状况及预期经济利益和义务发生了变化，从而对资产或负债的账面价值或者资产的定期消耗金额进行调整
常见的 会计估计	（1） 存货可变现净值的确定。 （2） 固定资产的预计使用寿命与净残值，固定资产的折旧方法。 （3） 使用寿命有限的无形资产的预计使用寿命与净残值。 （4） 可收回金额按照资产组的公允价值减去处置费用后的净额确定的，确定公允价值的方法；可收回金额按照资产组预计未来现金流量的现值确定的，预计未来现金流量的确定。 （5） 确认收入时对合同履约进度的确定。 （6） 公允价值的确定。 （7） 预计负债初始计量的最佳估计数的确定

续表

项目	内　容
会计估计变更的原因	（1）赖以进行估计的基础发生了变化。 （2）取得了新的信息，积累了更多的经验

学习心得 ....

【要点5】会计估计的变更及其会计处理（掌握）

项目	内　　容
会计处理	(1) 如果会计估计的变更仅影响变更当期，有关估计变更的影响应于当期确认。 (2) 如果会计估计的变更既影响变更当期又影响未来期间，有关估计变更的影响在当期及以后各期确认；会计估计变更的影响数应计入变更当期与前期相同的项目中。 (3) 企业难以对某项变更区分为会计政策变更或会计估计变更的，应当将其作为会计估计变更处理

学习心得

【要点6】会计政策变更与会计估计变更的划分（熟悉）

标准	内　容
以会计确认是否发生变更作为判断基础	一般地，对会计确认的指定或选择是会计政策，其相应的变更是会计政策变更。会计确认、计量的变更一般会引起列报项目的变更
以计量基础是否发生变更作为判断基础	一般地，对计量基础的指定或选择是会计政策，其相应的变更是会计政策变更
以列报项目是否发生变更作为判断基础	一般地，对列报项目的指定或选择是会计政策，其相应的变更是会计政策变更。当然，在实务中，有时列报项目的变更往往伴随着会计确认的变更或者相反

提示　根据会计确认、计量基础和列报项目所选择的、为取得与该项目有关的金

额或数值所采用的处理方法，不是会计政策，而是会计估计，其相应的变更是会计估计变更。

【要点7】划分会计政策变更和会计估计变更的方法（熟悉）

步骤	内　　容
1	分析并判断该事项是否涉及会计确认、计量基础选择或列报项目的变更
2	当至少涉及其中一项划分基础变更的，该事项是会计政策变更
3	不涉及这些划分基础变更时，该事项可以判断为会计估计变更

🕐 学习心得 --

【要点8】前期差错（掌握）

项目	内 容
概念	前期差错，是指由于没有运用或错误运用下列两种信息，而对前期财务报表造成省略或错报。 （1）编制前期财务报表时预期能够取得并加以考虑的可靠信息。 （2）前期财务报告批准报出时能够取得的可靠信息
主要情形	前期差错通常包括以下四个方面： （1）计算错误。 （2）应用会计政策错误。 （3）疏忽或曲解事实以及舞弊产生的影响。 （4）存货、固定资产盘盈

【要点9】前期差错更正的会计处理（掌握）

项目	会计处理
不重要的前期差错的会计处理（未来适用法）	对于不重要的前期差错，企业无须调整财务报表相关项目的期初数，但应调整发现当期与前期相同的相关项目。属于影响损益的，应直接计入本期与上期相同的净损益项目
重要的前期差错的会计处理	（1）对于重要的前期差错，如果能够合理确定前期差错累计影响数，则重要的前期差错的更正应采用追溯重述法。追溯重述法是指在发现前期差错时，视同该项前期差错从未发生过，从而对财务报表相关项目进行调整的方法。 （2）前期差错累积影响数是指前期差错发生后对差错期间每期净利润的影响数之和。 （3）如果确定前期差错累计影响数不切实可行，可以从可追溯重述的最早期间开始调整留存收益的期初余额，财务报表其他相关项目的期初余额也应当一并调整，也可以采用未来适用法。 （4）重要的前期差错的调整结束后，还应调整发现年度财务报表的年初数和上年数。①在编制比较财务报表时，对于比较财务报表期间的重要的前期差错，应调整各该期间的净损益和其他相关项目；②对于比较财务报表期间以前的重要的前期差错，应调整比较财务报表最早期间的期初留存收益，财务报表其他相关项目的数字也应一并调整

提示　（1）会计估计变更和前期差错更正对企业当期损益的影响是不同的，会计估计变更—未来适用法—影响本期损益；前期差错更正—追溯重述法—不影响本期损益。

（2）会计政策变更利润表对应的项目直接通过"利润分配——未分配利润"科目调整，前期差错更正利润表对应的项目通过"以前年度损益调整"科目调整。

（3）资产负债表日后事项中的调整事项涉及损益的也通过"以前年度损益调整"科目调整。

第二十三章　资产负债表日后事项

☞ 掌握资产负债表日后事项的定义及涵盖的期间

☞ 掌握资产负债表日后事项的内容

☞ 掌握资产负债表日后调整事项的处理原则和会计处理方法

☞ 掌握资产负债表日后非调整事项的处理原则和会计处理方法

【要点1】　资产负债表日后事项的定义及涵盖的期间（掌握）

项目	内　　容
资产负债表日后事项的定义	指资产负债表日至财务报告批准报出日之间发生的有利或不利事项，包括资产负债表日后调整事项和资产负债表日后非调整事项
资产负债表日后事项涵盖期间的定义	自资产负债表日次日起至财务报告批准报出日止的一段时间
具体情况	（1）报告期下一期间的第一天至董事会或类似机构批准财务报告对外公布的日期，即以董事会或类似权力机构批准财务报告对外公布的日期为截止日期。 （2）财务报告批准报出以后、实际报出之前又发生与资产负债表日后事项有关的事项，并由此影响财务报告对外公布日期的，应以董事会或类似机构再次批准财务报告对外公布的日期为截止日期

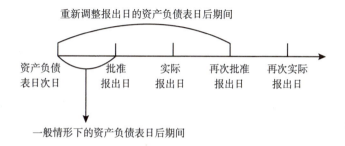

学习心得 --

【要点2】资产负债表日后事项的内容（掌握）

项目	内　　容
调整事项 （与上期有 关的大事）	（1）定义：资产负债表日后调整事项，是指对资产负债表日已经存在的情况提供了新的或进一步证据的事项。 （2）企业发生的资产负债表日后调整事项，通常包括下列各项： ①资产负债表日后诉讼案件结案，法院判决证实了企业在资产负债表日已经存在现时义务，需要调整原先确认的与该诉讼案件相关的预计负债，或确认一项新负债； ②资产负债表日后取得确凿证据，表明某项资产在资产负债表日发生了减值或者需要调整该项资产原先确认的减值金额； ③资产负债表日后进一步确定了资产负债表日前购入资产的成本或售出资产的收入； ④资产负债表日后发现了财务报告舞弊或差错

续表

项目	内　　容
非调整事项 （与上期无 关的大事）	（1）定义：资产负债表日后非调整事项，是指表明资产负债表日后发生的情况的事项。 （2）资产负债表日后非调整事项，通常包括下列各项： ①资产负债表日后发生重大诉讼、仲裁、承诺； ②资产负债表日后资产价格、税收政策、外汇汇率发生重大变化； ③资产负债表日后因自然灾害导致资产发生重大损失； ④资产负债表日后发行股票和债券以及其他巨额举债； ⑤资产负债表日后资本公积转增资本； ⑥资产负债表日后发生巨额亏损； ⑦资产负债表日后发生企业合并或处置子公司； ⑧资产负债表日后，企业利润分配方案中拟分配的以及经审议批准宣告发放的股利或利润

【要点3】资产负债表日后调整事项的处理原则（掌握）

序号	处理原则
1	涉及损益的事项，通过"以前年度损益调整"科目核算
2	涉及利润分配调整的事项，直接在"利润分配——未分配利润"科目核算
3	不涉及损益及利润分配的事项，调整相关科目
4	通过上述账务处理后，还应同时调整财务报表相关项目的数字，包括： （1）报告年度财务报表相关项目的期末数或本年发生数； （2）当期编制的财务报表相关项目的期初数或上年数； （3）上述调整如果涉及报表附注内容的，还应当作出相应调整

【要点 4】资产负债表日后调整事项的会计处理方法（掌握）

1. 资产负债表日后诉讼案件结案，人民法院判决证实了企业在资产负债表日已经存在现时义务，需要调整原先确认的与该诉讼案件相关的预计负债，或确认一项新负债

确认应支付的赔款	借：以前年度损益调整 　　贷：其他应付款（也可能在借方） 借：预计负债 　　贷：其他应付款
支付赔款（该事项属于本年度事项）	借：其他应付款 　　贷：银行存款
调整递延所得税资产	借：以前年度损益调整——所得税费用 　　贷：递延所得税资产
调整应交所得税	借：应交税费——应交所得税 　　贷：以前年度损益调整——所得税费用

续表

将"以前年度损益调整"科目余额转入未分配利润	借：利润分配——未分配利润 　　贷：以前年度损益调整——本年利润
调整盈余公积	借：盈余公积——提取法定盈余公积 　　贷：利润分配——未分配利润

2. 资产负债表日后取得确凿证据，表明某项资产在资产负债表日发生了减值或者需要调整该项资产原先确认的减值金额

补提减值准备	借：以前年度损益调整 　　贷：×××准备（也可能在借方）
调整递延所得税资产	借：递延所得税资产（也可能在贷方） 　　贷：以前年度损益调整——所得税费用

续表

将"以前年度损益调整"科目的余额转入未分配利润	借：利润分配——未分配利润（也可能在贷方） 　贷：以前年度损益调整——本年利润
调整盈余公积	借：盈余公积——提取法定盈余公积（也可能在贷方） 　贷：利润分配——未分配利润

3. 资产负债表日后进一步确定了资产负债表日前购入资产的成本或售出资产的收入

发生于资产负债表日后至财务报告批准报出日之间的销售退回事项，在所得税方面应按税收有关法律法规要求处理，其会计处理分别为：（1）按要求调整报告年度应纳税所得额和应纳税税额的，应调整报告年度利润表的收入、成本等，并相应调整报告年度的应纳税所得额以及报告年度应缴纳的所得税等。（2）按要求调整本年度应纳税所得额和应纳税所得税税额的，应调整报告年度会计报表的收入、成本等。但按照税法规定，在此期间的销售退回所涉及的应缴所得税，应作为本年度的纳税调整事项

续表

4. 资产负债表日后发现了财务报表舞弊或差错

资产负债表日至财务报告批准报出日之间发生的属于资产负债表期间或以前期间存在的财务报表舞弊或差错，这种舞弊或差错应当作为资产负债表日后调整事项，调整报告年度的年度财务报告或中期财务报告相关项目数字

学习心得

【要点5】资产负债表日后非调整事项的处理原则和会计处理方法（掌握）

（一）资产负债表日后非调整事项的处理原则

资产负债表日后发生的非调整事项，是表明资产负债表日后发生的情况的事项，与资产负债表日存在状况无关，不应当调整资产负债表日的财务报表。

但有的非调整事项由于事项重大，对财务报告使用者具有重大影响，如不加以说明，将影响财务报告使用者作出正确估计和决策。

（二）具体会计处理方法

项目	内　　容
原则	资产负债表日后发生的非调整事项，应当在报表附注中披露每项重要的资产负债表日后非调整事项的性质、内容，及其对财务状况、经营成果的影响。无法作出估计的，应当说明原因

续表

项目	内　　容
主要例子	（1）资产负债表日后发生重大诉讼、仲裁、承诺。 （2）资产负债表日后资产价格、税收政策、外汇汇率发生重大变化。 （3）资产负债表日后因自然灾害导致资产发生重大损失。 （4）资产负债表日后发行股票和债券以及其他巨额举债。 （5）资产负债表日后资本公积转增资本。 （6）资产负债表日后发生巨额亏损。 （7）资产负债表日后发生企业合并或处置子企业。 （8）资产负债表日后企业利润分配方案中拟分配的以及经审议批准宣告发放的股利或利润

第二十四章　政府会计

☞ 掌握政府会计核算模式

☞ 掌握政府会计要素及其确认和计量

☞ 掌握行政事业单位财政拨款收支业务的账务处理

☞ 掌握行政事业单位非财政拨款收支业务的账务处理

☞ 掌握行政事业单位预算结转结余及分配业务的账务处理

☞ 掌握行政事业单位净资产业务的账务处理

☞ 掌握行政事业单位常见资产业务、负债业务的账务处理

【要点1】政府会计核算模式（掌握）

项目		具体内容
预算会计与财务会计适度分离并相互衔接	"双功能"	政府会计由预算会计和财务会计构成
	"双基础"	预算会计实行收付实现制（国务院另有规定的，从其规定），财务会计实行权责发生制
	"双报告"	政府会计主体应当编制决算报告和财务报告
预算会计与财务会计的平行记账		行政事业单位应当对纳入部门预算管理的现金收支业务，在采用财务会计核算的同时进行预算会计核算；对于其他业务，仅需进行财务会计核算

【要点2】政府会计要素——预算会计要素（掌握）

要素	定 义
预算收入	是指政府会计主体在预算年度内依法取得的并纳入预算管理的现金流入。预算收入一般在实际收到时予以确认，以实际收到的金额计量
预算支出	是指政府会计主体在预算年度内依法发生并纳入预算管理的现金流出。预算支出一般在实际支付时予以确认，以实际支付的金额计量

要素	定 义	
预算结余	预算结余是指政府会计主体预算年度内预算收入扣除预算支出后的资金余额，以及历年滚存的资金余额	
	结余资金	是指年度预算执行终了，预算收入实际完成数扣除预算支出和结转资金后剩余的资金
	结转资金	是指预算安排项目的支出年终尚未执行完毕或者因故未执行，且下年需要按原用途继续使用的资金

【要点3】政府会计要素——财务会计要素（掌握）

要素	项目	内容
资产	定义	是指政府会计主体过去的经济业务或者事项形成的，由政府会计主体控制的，预期能够产生服务潜力或者带来经济利益流入的经济资源
	类别	按照流动性，分为流动资产和非流动资产
	确认条件	（1）与该经济资源相关的服务潜力很可能实现或者经济利益很可能流入政府会计主体； （2）该经济资源的成本或者价值能够可靠地计量
	计量属性	历史成本、重置成本、现值、公允价值和名义金额（1元）

【提示】政府会计主体在对资产进行计量时，一般应当采用历史成本。采用重置成本、现值、公允价值计量的，应当保证所确定的资产金额能够持续、可靠计量

续表

要素	项目	内容
负债	定义	是指政府会计主体过去的经济业务或者事项形成的，预期会导致经济资源流出政府会计主体的现时义务
	类别	政府会计主体的负债按照流动性，分为流动负债和非流动负债； 政府会计主体的负债按照偿债压力不同，分为偿还时间与金额基本确定的负债和由或有事项形成的预计负债
	确认条件	（1）履行该义务很可能导致含有服务潜力或者经济利益的经济资源流出政府会计主体； （2）该义务的金额能够可靠地计量
	计量属性	主要包括历史成本、现值和公允价值
	【提示】政府会计主体在对负债进行计量时，一般应当采用历史成本。采用现值、公允价值计量的，应当保证所确定的负债金额能够持续、可靠计量	
净资产	定义	是指政府会计主体资产扣除负债后的净额
	计量	其金额取决于资产和负债的计量

续表

要素	项目	内容
收入	定义	是指报告期内导致政府会计主体净资产增加的、含有服务潜力或者经济利益的经济资源的流入
	确认条件	（1）与收入相关的含有服务潜力或者经济利益的经济资源很可能流入政府会计主体； （2）含有服务潜力或者经济利益的经济资源流入会导致政府会计主体资产增加或者负债减少； （3）流入金额能够可靠地计量
费用	定义	是指报告期内导致政府会计主体净资产减少的、含有服务潜力或者经济利益的经济资源的流出
	确认条件	（1）与费用相关的含有服务潜力或者经济利益的经济资源很可能流出政府会计主体； （2）含有服务潜力或者经济利益的经济资源流出会导致政府会计主体资产减少或者负债增加； （3）流出金额能够可靠地计量

【要点4】财政拨款收支业务——财政直接支付业务（掌握）

业务或事项		账务处理	
		财务会计	预算会计
收到相关支付凭证时		借：业务活动费用/单位管理费用/库存物品等 贷：财政拨款收入	借：行政支出、事业支出等 贷：财政拨款预算收入
年末，本年度预算指标数大于当年实际支付数的金额		借：财政应返还额度 贷：财政拨款收入	借：资金结存——财政应返还额度 贷：财政拨款预算收入
直接支付方式	下年度恢复财政直接支付额度后，单位以财政直接支付方式发生实际支出时	借：库存物品/固定资产/应付职工薪酬等 贷：财政应返还额度——财政直接支付	借：行政支出/事业支出等 贷：资金结存——财政应返还额度

【要点5】财政拨款收支业务——财政授权支付业务（掌握）

业务或事项	账务处理	
	财务会计	预算会计
收到相关支付凭证时	借：零余额账户用款额度 　贷：财政拨款收入	借：资金结存——零余额账户用款额度 　贷：财政拨款预算收入
按规定支用额度时	借：业务活动费用/单位管理费用/库存物品等 　贷：零余额账户用款额度	借：行政支出、事业支出等 　贷：资金结存——零余额账户用款额度
年末，本年度预算指标数大于额度下达数的，根据未下达的用款额度	借：财政应返还额度 　贷：财政拨款收入	借：资金结存——财政应返还额度 　贷：财政拨款预算收入

续表

业务或事项	账务处理	
	财务会计	预算会计
年末，根据代理银行提供的对账单作注销额度处理	借：财政应返还额度 　　贷：零余额账户用款 　　　　额度	借：资金结存——财政应返还额度 　　贷：资金结存——零余额账 　　　　户用款额度
下年年初额度恢复和下年年初收到财政部门批复的上年年末未下达零余额账户用款额度	借：零余额账户用款额度 　　贷：财政应返还额度	借：资金结存——零余额账户用 　　款额度 　　贷：资金结存——财政应返 　　　　还额度

【要点6】财政拨款收支业务——预算管理一体化的相关会计处理（掌握）

业务或事项	账务处理	
	财务会计	预算会计
收到国库集中支付凭证及相关原始凭证	借：库存物品/固定资产/业务活动费用/单位管理费用/应付职工薪酬等 　　贷：财政拨款收入（使用本年度预算指标） 　　　　或财政应返还额度（使用以前年度预算指标）	借：行政支出/事业支出等 　　贷：财政拨款预算收入（使用本年度预算指标） 　　　　或资金结存——财政应返还额度（使用以前年度预算指标）
年末，根据批准的本年度预算指标数大于当年实际支付数的差额中允许结转使用的金额	借：财政应返还额度 　　贷：财政拨款收入	借：资金结存——财政应返还额度 　　贷：财政拨款预算收入

提示　同级财政国库集中支付结余不再按权责发生制列支的，相关单位年末不进行上述账务处理。

学习心得

【要点7】非财政拨款收支业务——事业（预算）收入（掌握）

业务或事项		账务处理	
		财务会计	预算会计
财政专户返还方式	实现应上缴财政专户事业收入时	借：银行存款/应收账款 　贷：应缴财政款	—
	向财政专户上缴款项时	借：应缴财政款 　贷：银行存款	—
	收到财政专户返还事业收入时	借：银行存款 　贷：事业收入	借：资金结存——货币资金 　贷：事业预算收入
预收款方式	收到预收款项时	借：银行存款 　贷：预收账款	借：资金结存——货币资金 　贷：事业预算收入
	以合同完成进度确认事业收入时	借：预收账款 　贷：事业收入	—

续表

业务或事项		账务处理	
		财务会计	预算会计
应收款方式	根据合同完成进度计算本期应收款项	借：应收账款 　贷：事业收入	—
	实际收到款项时	借：银行存款 　贷：应收账款	借：资金结存——货币资金 　贷：事业预算收入
其他方式	按实际收到金额	借：银行存款/库存现金 　贷：事业收入	借：资金结存——货币资金 　贷：事业预算收入

提示　　事业活动中涉及增值税业务的，事业收入按照实际收到的金额扣除增值税销项税之后的金额入账，事业预算收入按照实际收到的金额入账。

事业单位对于因开展专业业务活动及其辅助活动取得的非同级财政拨款

收入，应当通过"事业收入"和"事业预算收入"下的"非同级财政拨款"科目核算，对于其他非同级财政拨款收入则通过"非同级财政拨款（预算）收入"科目核算。

学习心得

【要点8】非财政拨款收支业务——捐赠（预算）收入和支出（掌握）

业务或事项		账务处理	
		财务会计	预算会计
捐赠（预算）收入	接受捐赠货币资金	借：银行存款/货币资金 　贷：捐赠收入	借：资金结存——货币资金 　贷：其他预算收入—— 　　　捐赠预算收入
	接受捐赠存货、固定资产等非现金资产	借：库存物品/固定资产 　贷：银行存款 　　　捐赠收入	借：其他支出 　贷：资金结存——货币 　　　资金
捐赠（支出）费用	捐赠现金资产	借：其他费用 　贷：银行存款/库存 　　　现金	借：其他支出 　贷：资金结存——货币 　　　资金
	捐赠库存物品、固定资产等非现金资产	将资产账面价值转入"资产处置费用"科目	未支付相关费用的不作账务处理

【要点9】财政拨款结转的核算（掌握）

业务或事项	账务处理	
	预算会计	财务会计
年末归集本年收支	借：财政拨款预算收入（按本年发生额） 　贷：财政拨款结转——本年收支结转 借：财政拨款结转——本年收支结转 　贷：各项支出（财政拨款支出）等（按本年发生额）	—

续表

业务或事项	账务处理	
	预算会计	财务会计
从其他单位调入财政拨款结转资金	借：资金结存——财政应返还额度、零余额账户用款额度、货币资金 贷：财政拨款结转——归集调入	借：零余额账户用款额度、财政应返还额度等科目 贷：累计盈余
按规定上缴（或注销）财政拨款结转资金、向其他单位调出财政拨款结转资金	借：财政拨款结转——归集上缴、归集调出 贷：资金结存——财政应返还额度、零余额账户用款额度、货币资金	借：累计盈余 贷：零余额账户用款额度、财政应返还额度等

续表

业务或事项	账务处理	
	预算会计	财务会计
因会计差错等事项调整以前年度财政拨款结转资金	借：资金结存——财政应还额度、零余额账户用款额度、货币资金 贷：财政拨款结转——年初余额调整（方向可能相反）	借：零余额账户用款额度、银行存款 贷：以前年度盈余调整（方向可能相反）
经财政部门批准对财政拨款结余资金改变用途	借：财政拨款结余——单位内部调剂 贷：财政拨款结转——单位内部调剂	—

续表

业务或事项	账务处理	
	预算会计	财务会计
年末，冲销有关明细科目余额	借：财政拨款结转——本年收支结转、年初余额调整、归集调入、归集调出、归集上缴、单位内部调剂 　　贷：财政拨款结转——累计结转（方向可能相反）	—
年末，按照有关规定将符合财政拨款结余性质的项目余额转入财政拨款结余	借：财政拨款结转——累计结转 　　贷：财政拨款结余——结转转入	—

【要点 10】财政拨款结余的核算（掌握）

业务或事项	账务处理	
	预算会计	财务会计
经财政部门批准对财政拨款结余资金改变用途	借：财政拨款结余——单位内部调剂 　贷：财政拨款结转——单位内部调剂	—
年末，按照有关规定将符合财政拨款结余性质的项目余额转入财政拨款结余	借：财政拨款结转——累计结转 　贷：财政拨款结余——结转转入	—
上缴财政拨款结余资金或注销财政拨款结余资金额度	借：财政拨款结余——归集上缴 　贷：资金结存——财政应返还额度、零余额账户用款额度、货币资金	借：累计盈余 　贷：零余额账户用款额度、财政应返还额度

续表

业务或事项	账务处理	
	预算会计	财务会计
因会计差错等事项调整以前年度财政拨款结余资金	借：资金结存——财政应返还额度、零余额账户用款额度、货币资金 贷：财政拨款结余——年初余额调整（方向可能相反）	借：零余额账户用款额度、银行存款等 贷：以前年度盈余调整（方向可能相反）
年末，冲销有关明细科目余额	—	借：财政拨款结余——归集上缴、年初余额调整、单位内部调剂、结转转入——累计结转 贷：财政拨款结余——累计结余（方向可能相反）

【要点11】非财政拨款结转的核算（掌握）

业务或事项	账务处理	
	预算会计	财务会计
年末收支结转	借：事业预算收入、上级补缴预算收入、非同级财政拨款预算收入、其他预算收入 　贷：非财政拨款结转——本年收支结转 借：非财政拨款结转——本年收支结转 　贷：行政支出、事业支出、其他支出（各非财政拨款专项资金支出）	—

续表

业务或事项	账务处理	
	预算会计	财务会计
从科研项目预算收入中提取项目间接费用或管理费时	借：非财政拨款结转——项目间接费用或管理费 贷：非财政拨款结余——项目间接费用或管理费	借：单位管理费用 贷：预提费用——项目间接费用或管理费
因会计差错更正等事项调整非财政拨款结转资金的	借：资金结存——货币资金 贷：非财政拨款结转——年初余额调整（或相反方向）	借：银行存款等 贷：以前年度盈余调整（或相反方向）
按照规定缴回非财政拨款结转资金的	借：非财政拨款结转——缴回资金 贷：资金结存——货币资金	借：累计盈余 贷：银行存款等

续表

业务或事项	账务处理	
	预算会计	财务会计
年末，冲销有关明细科目余额	借：非财政拨款结转——年初余额调整/项目间接费用或管理费/缴回资金/本年收支结转 贷：非财政拨款结转——累计结转 （或相反方向）	—
年末，将留归本单位使用的非财政拨款专项（项目已完成）剩余资金转入非财政拨款结余	借：非财政拨款结转——累计结转 贷：非财政拨款结余——结转转入	—

【要点 12】非财政拨款结余的核算（掌握）

业务或事项	账务处理	
	预算会计	财务会计
年末，将留归本单位使用的非财政拨款专项（项目已完成）剩余资金转入非财政拨款结余	借：非财政拨款结转——累计结转 　贷：非财政拨款结余——结转转入	—
实际缴纳企业所得税	借：非财政拨款结余——累计结转 　贷：资金结存——货币资金	借：其他应缴税费——单位应交所得税 　贷：银行存款等
因会计差错更正等事项调整非财政拨款结余资金的	借：资金结存——货币资金 　贷：非财政拨款结余——年初余额调整（或相反方向）	借：银行存款等 　贷：以前年度盈余调整（或相反方向）

续表

业务或事项	账务处理	
	预算会计	财务会计
年末，冲销有关明细科目余额	借：非财政拨款结余——年初余额调整/项目间接费用或管理费/结转转入 贷：非财政拨款结余——累计结转（或相反方向）	—
年末，事业单位	借：非财政拨款结余——累计结转 贷：非财政拨款结余分配（或相反方向）	—

续表

业务或事项	账务处理	
	预算会计	财务会计
年末，行政单位	借：非财政拨款结余——累计结余 贷：其他结余（或相反方向）	—

【要点13】专用结余的核算（掌握）

业务或事项	账务处理	
	预算会计	财务会计
根据规定从本年度非财政拨款结余或经营结余中提取专用基金的，按提取金额	借：非财政拨款结余分配 　　贷：专用结余	—
根据规定使用从非财政拨款结余或经营结余中提取的专用基金时，按照使用金额	借：事业支出等（预算支出科目） 　　贷：资金结存——货币资金	—
在年末将有关预算支出中使用专用结余的本年发生额转入专用结余	借：专用结余 　　贷：事业支出	—

【要点 14】 经营结余的核算 （掌握）

业务或事项	账务处理	
	预算会计	财务会计
期末，事业单位应当结转本期经营收支，根据经营预算收入本期发生额	借：经营预算收入 　贷：经营结余	—
根据经营支出本期发生额（不包括使用专用结余的支出）	借：经营结余 　贷：经营支出	—
年末，结转"经营结余"科目余额	如为贷方余额，将余额结转入"非财政拨款结余分配"科目： 借：经营结余 　贷：非财政拨款结余分配	—
	如为借方余额，为经营亏损，不予结转	—

【要点 15】其他结余的核算（掌握）

业务或事项	账务处理	
	预算会计	财务会计
年末，行政单位结转"其他结余"科目余额	借：其他结余 　　贷：非财政拨款结余——累计结余	—
年末，事业单位结转"其他结余"科目余额	借：其他结余 　　贷：非财政拨款结余分配	—

【要点 16】非财政拨款结余分配的核算（掌握）

业务或事项	账务处理	
	预算会计	财务会计
根据有关规定提取专用基金，按照提取的金额	借：非财政拨款结余分配 　贷：专用结余	借：本年盈余分配 　贷：专用基金
结转	借：非财政拨款结余 　贷：非财政拨款结余分配	—

提示　年末，事业单位应将"其他结余"科目余额和"经营结余"科目贷方余额转入"非财政拨款结余分配"科目。

【要点 17】净资产业务（掌握）

业务或事项		账务处理	
		预算会计	财务会计
本期盈余及本年盈余分配	年末，单位应当将"本期盈余"科目余额转入"本年盈余分配"科目	—	借：本期盈余 　　贷：本年盈余分配
	根据有关规定从本年度非财政拨款结余或经营结余中提取专用基金的	—	借：本年盈余分配（按照预算会计下计算的提取金额） 　　贷：专用基金 借：累计盈余 　　贷：本年盈余分配
专用基金	年末事业单位根据有关规定从本年度非财政拨款结余或经营结余中提取专用基金的	借：非财政拨款结余分配 　　贷：专用结余	借：本年盈余分配 　　贷：专用基金

续表

业务或事项		账务处理	
		预算会计	财务会计
无偿调拨净资产	取得无偿调入的非现金资产等	借：其他支出 贷：资金结存	借：库存物品、长期股权投资、固定资产等 　贷：零余额账户用款额度、银行存款等 　　　无偿调拨净资产（差额）
	经批准无偿调出非现金资产	借：其他支出 贷：资金结存	借：无偿调拨净资产 　　固定资产累计折旧、无形资产累计摊销 　贷：库存物品、长期股权投资、固定资产等科目 借：资产处置费用 　贷：零余额账户用款额度、银行存款等

续表

业务或事项		账务处理	
		预算会计	财务会计
无偿调拨净资产	年末，单位应将"无偿调拨净资产"科目余额转入累计盈余	—	借：无偿调拨净资产 　　贷：累计盈余（或相反方向）
权益法调整	年末，按照被投资单位除净损益和利润分配以外的所有者权益变动应享有（或应分担）的份额	—	借：长期股权投资——其他权益变动 　　贷：权益法调整（或相反方向）
	处置长期股权投资时，按照原计入净资产的相应部分金额	—	借：权益法调整 　　贷：投资收益
以前年度盈余调整	单位对相关事项调整后	—	借：累计盈余 　　贷：以前年度盈余调整（或相反方向）

续表

业务或事项		账务处理	
		预算会计	财务会计
累计盈余	反映单位历年实现的盈余扣除盈余分配后滚存的金额，以及因无偿调入调出资产产生的净资产变动额	—	借：累计盈余 　　贷：本年盈余分配（或相反方向） 借：无偿调拨净资产（或相反方向） 　　贷：累计盈余

提示　单位财务会计中净资产的来源主要包括累计实现的盈余和无偿调拨的净资产。

【要点18】资产业务共性内容（掌握）

	业务或事项	处理方法
资产取得	外购的资产	其成本通常包括购买价款、相关税费（不包括按规定可抵扣的增值税进项税额），以及使得资产达到目前场所和状态或交付使用前所发生的归属于该项资产的其他费用
	自行加工或自行建造的资产	其成本包括该项资产至验收入库或交付使用前所发生的全部必要支出
	接受捐赠的非现金资产	对于存货、固定资产、无形资产而言，其成本按照有关凭据注明的金额加上相关税费等确定；没有相关凭据可供取得，但按规定经过资产评估的，其成本按照评估价值加上相关税费等确定；没有相关凭据可供取得也未经资产评估的，其成本比照同类或类似资产的市场价格加上相关税费等确定；没有相关凭据且未经资产评估、同类或类似资产的市场价格也无法可靠取得的，按照名义金额（人民币1元）入账。

续表

业务或事项		处理方法
资产取得	接受捐赠的非现金资产	对于投资和公共基础设施、政府储备物资、保障性住房、文物文化资产等经管资产而言，其初始成本只能按照前三个层次进行计量，不能采用名义金额计量。盘盈资产的入账成本的确定参照上述规定。 单位对于接受捐赠的资产，其成本能够确定的，应当按照确定的成本减去相关税费后的净额计入捐赠收入。资产成本不能确定的，单独设置备查簿进行登记，相关税费等计入当期费用
	无偿调入的资产	其成本按照调出方账面价值加上相关税费等确定。单位对于无偿调入的资产，应当按照无偿调入资产的成本减去相关税费后的金额计入无偿调拨净资产
	置换取得的资产	其成本按照换出资产的评估价值，加上支付的补价或减去收到的补价，加上为换入资产发生的其他相关支出确定

续表

业务或事项		处理方法
资产处置	通常情况下	单位应将被处置资产账面价值转销计入资产处置费用，并按照"收支两条线"将处置净收益上缴财政。如按规定将资产处置净收益纳入单位预算管理的，应将净收益计入当期收入
	资产盘盈、盘亏、报废或毁损的	在报经批转前将相关资产账面价值转入"待处理财产损溢"科目，待报经批准后再进行资产处置
	无偿调出的资产	单位应当在转销被处置资产账面价值时冲减无偿调拨净资产。对于置换换出的资产，应当与换入资产一同进行相关会计处理

【要点 19】 固定资产（掌握）

业务或事项	账务处理	
	预算会计	财务会计
购入不需安装的固定资产验收合格时	借：行政支出、事业支出、经营支出等 　　贷：财政拨款预算收入、资金结存	借：固定资产（按照确定的固定资产成本） 　　贷：财政拨款收入、零余额账户用款额度、应付账款、银行存款等
融资租入取得的固定资产	借：行政支出、事业支出、经营支出等 　　贷：财政拨款预算收入、资金结存	借：固定资产——融资租入固定资产（不需安装）或在建工程（需安装） 　　贷：长期应付款（按照租赁协议或者合同确定的租赁付款额） 财政拨款收入、零余额账户用款额度、银行存款等（按照支付的运输费、途中保险费、安装调试费等金额）

续表

业务或事项	账务处理	
	预算会计	财务会计
对固定资产计提折旧	单位应当按月对固定资产计提折旧，下列固定资产除外：（1）文物和陈列品；（2）特种动植物；（3）图书和档案；（4）单独计价入账的土地；（5）以名义金额计量的固定资产	
	单位应当根据相关规定以及固定资产的性质和使用情况，合理确定固定资产的使用年限。因改建、扩建等原因而延长固定资产使用年限的，应当重新确定固定资产的折旧年限。 单位盘盈、无偿调入、接受捐赠以及置换的固定资产，应当考虑该项资产的新旧程度，按照其尚可使用的年限计提折旧。 折旧的其他规则同企业财务会计，例如当月增加的固定资产，当月开始计提折旧；提前报废的固定资产，也不再补提折旧。已提足折旧的固定资产，可以继续使用的，应当继续使用，规范实物管理	

提示 经批准在境外购买具有所有权的土地，作为固定资产，通过"固定资产"科目核算；单位应当在"固定资产"科目下设置"境外土地"明细科目，进行相应明细核算。

学习心得

【要点20】长期股权投资——取得时的处理（掌握）

业务或事项	账务处理	
	财务会计	预算会计
以现金取得的长期股权投资	借：长期股权投资——成本/长期股权投资 应收股利［实际支付价款中包含的已宣告但尚未发放的股利或利润］ 　贷：银行存款等［实际支付的价款］	借：投资支出 　贷：资金结存——货币资金［实际支付的价款］
收到投资价款中包含已宣告但尚未发放的股利时	借：银行存款 　贷：应收股利	借：资金结存——货币资金 　贷：投资支出等

续表

业务或事项	账务处理	
	财务会计	预算会计
以现金以外的其他资产置换取得长期股权投资	借：长期股权投资［换出资产评估价值＋其他相关支出］ 　　固定资产累计折旧/无形资产累计摊销 　　资产处置费用［借差］ 　贷：固定资产/无形资产等［账面余额］ 　　银行存款等［其他相关支出］ 　　其他收入［贷差］	借：其他支出［实际支付的其他相关支出］ 　贷：资金结存——货币资金
以未入账的无形资产取得的长期股权投资	借：长期股权投资 　贷：银行存款/其他应交税费 　　其他收入［贷差］	借：其他支出［支付的相关税费］ 　贷：资金结存

【要点21】长期股权投资——持有期间的处理（掌握）

业务或事项		账务处理	
		财务会计	预算会计
采用成本法	被投资单位宣告发放现金股利或利润时	借：应收股利 　贷：投资收益	—
	收到被投资单位发放的现金股利时	借：银行存款 　贷：应收股利	借：资金结存——货币资金 　贷：投资预算收益
采用权益法	被投资单位实现净利润的，按照其应享有的份额	借：长期股权投资——损益调整 　贷：投资收益	—
	被投资单位发生净亏损的，按照其应享有的份额	借：投资收益 　贷：长期股权投资——损益调整	—

续表

业务或事项		账务处理	
		财务会计	预算会计
采用权益法	被投资单位发生净亏损，但以后年度又实现净利润的，按规定恢复确认投资收益的	借：长期股权投资——损益调整 　贷：投资收益	—
	被投资单位宣告发放现金股利或利润的，按照其应享有的份额	借：应收股利 　贷：长期股权投资——损益调整	—
	收到被投资单位发放的现金股利	借：银行存款 　贷：应收股利	借：资金结存——货币资金 　贷：投资预算收益

续表

业务或事项	账务处理	
	财务会计	预算会计
采用权益法 被投资单位除净损益和利润分配以外的所有者权益变动时，按照其份额	借：长期股权投资——其他权益变动 贷：权益法调整 或作相反分录	—
处置时，应当按照原记入"权益法调整"科目的相应部分金额	借：投资收益 贷：权益法调整 或作相反分录	—

【要点22】公共基础设施（掌握）

业务或事项	处理方法
取得时	应当按照其成本入账，其账务处理与固定资产基本相同
按月计提折旧时，按照应计提的折旧额	借：业务活动费用 　　贷：公共基础设施累计折旧（摊销）
处置时	借：资产处置费用、无偿调拨净资产、待处理财产损溢、公共基础设施累计折旧（摊销） 　　贷：公共基础设施

【要点 23】政府储备物资（掌握）

业务或事项	处理方法
取得时	应当按照其成本入账，会计处理与库存物品基本一致
因动用而发出无须收回的，按其账面余额	计入业务活动费用
因动用而发出需要收回或者预期可能收回的	应在按规定的质量验收标准收回物资时，将未收回物资的账面余额予以转销计入业务活动费用
因行政管理主体变动等原因调拨给其他主体的	按照无偿调出政府储备物资的账面余额冲减无偿调拨净资产
对外销售并将销售净收入纳入单位预算统一管理的	应将发出物资的账面余额计入业务活动费用，将实现的销售收入计入当期收入

续表

业务或事项	处理方法
对外销售并按照规定将销售净收入上缴财政的	应将取得销售价款时大于所承担的相关税费后的差额确认为应缴财政款

提示 对政府储备物资不负有行政管理职责但接受委托具体负责执行其存储保管等工作的行政事业单位，应当将受托代储的政府储备物资作为受托代理资产核算。

【要点 24】文物资源（掌握）

业务或事项	处理方法
初始计量	一般情况下，按照成本进行初始计量；对于成本无法可靠取得的文物资源，应当按照名义金额计量
	对于依法征集购买取得的文物资源，行政事业单位应当按照购买价款确定其成本
	通过调拨、依法接收、指定保管等方式取得的文物资源，其成本应当按照该文物资源在调出方的账面价值予以确定
	行政事业单位控制的其他相关资产重分类为文物资源的，其成本应当按照该资产原账面价值予以确定
	因盘点、普查等方式盘盈的文物资源，有相关凭据的，其成本按照凭据注明的金额予以确定；没有相关凭据的，行政事业单位应当按照成本无法可靠取得的文物资源进行会计处理

续表

业务或事项	处理方法
初始计量	通过考古发掘、接受捐赠等方式取得文物资源的，应当按照成本无法可靠取得的文物资源进行会计处理
后续计量	文物资源不计提折旧
	行政事业单位对于文物资源本体的修复修缮等相关保护支出，应当在发生时计入当期费用
	行政事业单位按照规定报经批准调出文物资源的，应当将该文物资源的账面价值予以转销，将调出中发生的归属于调出方的相关支出计入当期费用
	文物资源报经文物行政部门批准被依法拆除或者因不可抗力等因素发生毁损、丢失的，行政事业单位应当在按照规定程序核查处理后确认文物资源灭失时，将该文物资源账面价值予以转销

续表

业务或事项	处理方法
后续计量	文物资源撤销退出后仍作为其他资产进行管理的，行政事业单位应当按照该文物资源的账面价值将其重分类为其他资产
会计分录	在取得时： 借：文物资源 　　贷：财政拨款收入、银行存款、无偿调拨净资产、累计盈余、捐赠收入 在调出，被依法拆除或发生毁损、丢失，重分类为其他资产时： 借：无偿调拨净资产、待处理财产损溢、固定资产等 　　贷：文物资源

【要点25】应缴财政款（掌握）

业务或事项	账务处理	
	预算会计	财务会计
单位取得或应收按照规定应缴财政的款项时	—	借：银行存款、应收账款等 　贷：应缴财政款
单位上缴应缴财政的款项时	—	借：应缴财政款 　贷：银行存款

提示 由于应缴财政的款项不属于纳入部门预算管理的现金收支，因此不进行预算会计处理。

【要点 26】应付职工薪酬（掌握）

业务或事项	账务处理	
	预算会计	财务会计
计算确认当期应付职工薪酬	—	借：业务活动费用/单位管理费用/研发支出/在建工程等 　贷：应付职工薪酬
代扣个人所得税	—	借：应付职工薪酬 　贷：其他应交税费——应交个人所得税
代扣社会保险费和住房公积金	—	借：应付职工薪酬——基本工资 　贷：应付职工薪酬——社会保险费/住房公积金

续表

业务或事项	账务处理	
	预算会计	财务会计
代扣为职工垫付的水电费、房租等费用	—	借：应付职工薪酬——基本工资 　贷：其他应收款等
向职工支付工资、津贴补贴等薪酬，或按规定缴纳职工社会保险费和住房公积金时	借：行政支出/事业支出/经营支出等 　贷：财政拨款预算收入/资金结存	借：应付职工薪酬 　贷：财政拨款收入/零余额账户用款额度/银行存款等

【要点27】借款（掌握）

业务或事项	账务处理	
	财务会计	预算会计
取得借款	借：银行存款 　　贷：短期借款 　　　　长期借款——本金	借：资金结存——货币资金 　　贷：债务预算收入
计提借款利息	借：其他费用 　　贷：应付利息（短期借款利息、分期付息、到期还本的长期借款利息） 　　　　或长期借款——应计利息（到期一次还本付息的长期借款利息）	—

续表

业务或事项	账务处理	
	财务会计	预算会计
实际支付短期借款利息或分期付息长期借款利息时	借：应付利息 　　贷：银行存款	借：其他支出 　　贷：资金结存——货币资金
偿还借款	借：短期借款 　　长期借款——本金 　　　　　　　——应计利息 　　（到期一次还本付息长期借款的利息） 　　贷：银行存款	借：债务还本支出（支付的本金金额） 　　其他支出（支付的利息金额） 　　贷：资金结存——货币资金

提示　事业单位应当在与债权人签订借款合同或协议并取得举借资金时，按照借款本金确认负债。

第二十五章　民间非营利组织会计

☞ 掌握民间非营利组织的会计要素
☞ 掌握民间非营利组织捐赠收入的会计核算
☞ 掌握民间非营利组织受托代理业务的会计核算
☞ 掌握民间非营利组织业务活动成本的会计核算
☞ 掌握民间非营利组织净资产的会计核算
☞ 熟悉民间非营利组织会计的特点

【要点 1】民间非营利组织会计的特点（熟悉）

特点	说明
为公益目的或者其他非营利目的成立	这一特征强调民间非营利组织的设立需基于公益目的或其他非营利目的
资源提供者向该组织投入资源不取得经济回报	这一特征强调民间非营利组织的资金或者其他资源提供者不能从民间非营利组织中获取经济回报
资源提供者对该组织的财产不保留或享有任何财产权利	这一特征强调资金或者其他资源提供者在将资源投入民间非营利组织后不再享有任何财产权利，如资产出售、转让、处置权以及清算时剩余财产的分配权等

【要点 2】民间非营利组织的会计要素（掌握）

项目		具体内容
反映财务状况的会计要素	资产	是指过去的交易或者事项形成并由民间非营利组织拥有或者控制的资源，该资源预期会给民间非营利组织带来经济利益或者服务潜力。资产分为流动资产、非流动资产和受托代理资产，非流动资产包括长期投资、固定资产、无形资产等
	负债	是指过去的交易或者事项形成的现时义务，履行该义务预期会导致含有经济利益或者服务潜力的资源流出民间非营利组织，包括流动负债、长期负债和受托代理负债等
	净资产	是指民间非营利组织的资产减去负债后的余额。净资产应当按照其是否受到限制，分为限定性净资产和非限定性净资产

续表

项目		具体内容
反映业务活动情况的会计要素	收入	是指民间非营利组织开展业务活动取得的、导致本期净资产增加的经济利益或者服务潜力的流入,包括捐赠收入、会费收入、提供服务收入、政府补助收入、投资收益、总部拨款收入和其他收入
	费用	是指民间非营利组织为开展业务活动所发生的、导致本期净资产减少的经济利益或者服务潜力的流出,包括业务活动成本、税金及附加、管理费用、筹资费用、资产减值损失、所得税费用和其他费用等
会计等式	反映财务状况的	资产 − 负债 = 净资产
	反映业务活动情况的	收入 − 费用 = 净资产变动额

【要点3】 捐赠收入（掌握）

项目	具体内容
捐赠的定义	捐赠通常是指某个单位或个人（捐赠人）自愿地将现金或其他资产无偿地转让给另一单位或个人（受赠人），或者无偿地清偿或取消该单位或个人（受赠人）的负债
捐赠收入的概念	捐赠收入是指民间非营利组织接受其他单位或者个人捐赠所取得的收入。 民间非营利组织应当区分捐赠与捐赠承诺。捐赠承诺是指捐赠现金或其他资产的书面协议或口头约定等
捐赠收入金额的确定	对于民间非营利组织接受捐赠收到的现金资产，应当按照实际收到的金额入账
	对于民间非营利组织接受捐赠收到的股权，应当按照民间非营利组织根据有关规定开具的捐赠票据等凭据金额入账

续表

项目	具体内容
捐赠收入金额的确定	对于民间非营利组织接受捐赠收到的其他非现金资产，应当按照以下方法确定其入账价值： （1）如果捐赠方提供了有关凭据（如发票、报关单、有关协议等）的，应当按照凭据上标明的金额作为入账价值。 （2）如果捐赠方没有提供有关凭据的，或者凭据上标明的金额与受赠资产公允价值相差较大，受赠资产应当以其公允价值作为入账价值。 （3）对于民间非营利组织接受的固定资产、无形资产捐赠，如果捐赠方没有提供有关凭据，且有确凿的证据表明该资产的公允价值确实无法可靠计量，应当按照名义金额（即人民币1元）入账。对于民间非营利组织接受的文物资源捐赠，如果捐赠方没有提供有关凭据，应当按照名义金额入账。 （4）对于民间非营利组织接受的服务捐赠，如果捐赠方提供了发票等有关凭据，且凭据上标明的金额能够反映受赠服务的公允价值，民间非营利组织应当按照凭据金额入账，其他情况不予确认

项目	具体内容
账务处理	（1）接受捐赠时： 借：现金、银行存款、短期投资、存货、长期股权投资、长期债权投资、固定资产、无形资产 　　贷：捐赠收入——限定性收入或捐赠收入——非限定性收入 （2）接受服务捐赠时： 借：业务活动成本/管理费用 　　贷：捐赠收入——限定性收入或捐赠收入——非限定性收入 （3）接受的捐赠，如果由于捐赠方或法律法规限制等民间非营利组织之外的原因存在需要偿还全部或部分捐赠资产或者相应金额的现时义务时，按照需要偿还的金额： 借：捐赠收入——限定性收入 　　贷：其他应付款等 如果由于民间非营利组织自身原因存在需要偿还全部或部分捐赠资产或者相应金额的现时义务时，按照需要偿还的金额： 借：管理费用 　　贷：其他应付款等

续表

项目	具体内容
账务处理	（4）限定性捐赠收入的限制在确认收入的当期得以完全解除： 借：捐赠收入——限定性收入 　　贷：捐赠收入——非限定性收入

✔ 学习心得 ....

....

....

....

....

....

【要点4】受托代理业务（掌握）

项目	具体内容
概念	是指民间非营利组织从委托方收到受托资产，并按照委托人的意愿将资产转赠给指定的其他组织或者个人的受托代理过程。 （1）受托代理资产。民间非营利组织接受委托方委托从事受托代理业务而收到的资产。 （2）受托代理负债。民间非营利组织因从事受托代理业务、接受受托代理资产而产生的负债
会计科目设置	（1）"受托代理资产"科目，核算民间非营利组织接受委托方委托从事受托代理业务而收到的资产；"受托代理资产"科目的期末借方余额，反映民间非营利组织期末尚未转出的受托代理资产价值。 （2）"受托代理负债"科目，核算民间非营利组织从事受托代理业务、接受受托代理资产而产生的负债；"受托代理负债"科目的期末贷方余额，反映民间非营利组织尚未清偿的受托代理负债

续表

项目	具体内容
会计处理	（1）收到受托代理资产时： 借：受托代理资产 　　贷：受托代理负债 【提示】收到的受托代理资产如果为货币资金，可以不通过"受托代理资产"科目核算，而在"现金""银行存款""其他货币资金"科目下设置"受托代理资产"明细科目进行核算 （2）在转赠或者转出受托代理资产时： 借：受托代理负债 　　贷：受托代理资产 【提示】民间非营利组织应当在资产负债表中单设"受托代理资产"和"受托代理负债"项目；同时，应当在会计报表附注中，披露该受托代理业务的情况

【要点5】业务活动成本（掌握）

项目	具体内容
概念	是指民间非营利组织为了实现其业务活动目标、开展某项目活动或者提供服务所发生的费用
核算原则	民间非营利组织的业务活动成本应当按照是否存在限定区分为非限定性费用和限定性费用，设置"非限定性费用""限定性费用"明细科目进行明细核算
	如果民间非营利组织从事的项目、提供的服务或者开展的业务比较单一，可以将相关费用全部归集在"业务活动成本"科目下进行核算
	如果民间非营利组织从事的项目、提供的服务或者开展的业务种类较多，应当在"业务活动成本"科目下设置相应的明细科目，分项目、服务或者业务大类进行明细核算
	如果民间非营利组织的某些费用是属于业务活动、管理活动和筹资活动等共同发生的，而且不能直接归属于某一类活动，则应当将这些费用按照合理的方法在各项活动中进行分配

续表

项目	具体内容
会计处理	（1）发生业务活动成本时： 借：业务活动成本 　　贷：现金、银行存款、存货、应付账款 （2）收到退回的捐赠资产时： 借：现金、银行存款、存货 　　贷：业务活动成本 （3）会计期末，将"业务活动成本"科目各明细科目的余额分别转入非限定性净资产和限定性净资产： 借：非限定性净资产 　　贷：业务活动成本——非限定性费用 借：限定性净资产 　　贷：业务活动成本——限定性费用

【要点6】净资产的分类（掌握）

项目		具体内容
净资产按照是否受到限制分类	限定性净资产	如果资产或者资产所产生的经济利益（如资产的投资收益和利息等）的使用受到资产提供者或者国家有关法律、行政法规所设置的时间限制或（和）用途限制，由此形成的净资产即为限定性净资产。 【提示】国家有关法律、行政法规对净资产的使用直接设置限制的，该受限制的净资产也应作为限定性净资产
	非限定性净资产	除上述之外的其他净资产应作为非限定性净资产
限制的情况	时间限制	是由资产提供者或者国家有关法律、行政法规要求民间非营利组织在收到资产后的特定时期之内或特定日期之后使用该项资产，或者对资产的使用设置了永久限制
	用途限制	是指资产提供者或者国家有关法律、行政法规要求民间非营利组织将收到的资产用于某一特定的用途

提示　（1）民间非营利组织的理事会或类似权力机构对净资产的使用所作的限定性决策、决议或拨款限额等，属于民间非营利组织内部管理上对资产使用所作的限制，不属于所界定的限定性净资产。

（2）在实务中，时间限制和用途限制常常是同时存在的，民间非营利组织应当能够判断是否存在时间限制或用途限制，或者两种限制同时存在。

学习心得

【要点7】注册资金的核算（掌握）

项目	内　　容
注册资金的计入	民间非营利组织取得的注册资金，应当直接计入净资产
注册资金的使用	使用受到时间限制或用途限制的，在取得时直接计入限定性净资产
	使用没有受到时间限制和用途限制的，在取得时直接计入非限定性净资产

提示　社会团体、基金会、社会服务机构变更登记注册资金属于自愿采取的登记事项变更，并不引起资产和净资产的变动，无须进行会计处理。

【要点8】期末限定性净资产的核算（掌握）

项　目	内　　　容
科目设置	民间非营利组织应当设置"限定性净资产"科目核算本单位的限定性净资产，并可根据本单位的具体情况和实际需要，在"限定性净资产"科目下设置相应的二级科目和明细科目
期末限定性净资产的核算	（1）期末结转限定性收入。 借：捐赠收入——限定性收入、政府补助收入——限定性收入等 　　贷：限定性净资产 （2）期末结转成本费用。 借：限定性净资产 　　贷：业务活动成本——限定性费用、税金及附加——限定性费用等

【要点9】期末非限定性净资产的核算（掌握）

项目	内　　容
期末结转非限定性收入	期末，民间非营利组织应当将捐赠收入、会费收入、提供服务收入、政府补助收入、商品销售收入、投资收益、总部拨款收入和其他收入等各项收入科目中非限定性收入明细科目的期末余额转入非限定性净资产。 借：捐赠收入——非限定性收入 　　会费收入——非限定性收入 　　提供服务收入——非限定性收入 　　政府补助收入——非限定性收入 　　商品销售收入——非限定性收入 　　投资收益——非限定性收入 　　其他收入——非限定性收入 　　贷：非限定性净资产

续表

项目	内　容
期末结转成本费用	期末，民间非营利组织应当将业务活动成本、税金及附加等各项费用科目中非限定性费用明细科目的期末余额结转至非限定性净资产，并将所得税费用科目的期末余额结转至非限定性净资产
	借：非限定性净资产 　　贷：业务活动成本——非限定性费用、税金及附加——非限定性费用、管理费用——非限定性费用、资产减值损失——非限定性费用、筹资费用——非限定性费用、其他费用——非限定性费用、所得税费用

【要点10】净资产的重分类（掌握）

项　目	内　　容
限制解除，对净资产进行重新分类	将限定性净资产转为非限定性净资产。 借：限定性净资产 　　贷：非限定性净资产
解除限制的情况	同时符合下列两种情况时，可以认为限制已经完全解除：一是设置的限制时间已经到期或者时间限制已经解除；二是设置的用途已经解除。对于资产提供者或者国家法律法规等撤销对限定性净资产所设置限制的，应当在撤销时全额转为非限定净资产

学习心得